一不小心

How to Become an A

〔加〕伊丽莎白·麦克劳德（Elizabeth MacLeod）
〔加〕弗里达·维辛斯基（Frieda Wishinsky） 著

吴丹 译

北京燕山出版社
BEIJING YANSHAN PRESS

一不小心成天才

[加] 伊丽莎白·麦克劳德 著
[加] 弗里达·维辛斯基
吴丹 译

How to Become an Accidental Genius

by Elizabeth MacLeod and
Frieda Wishinsky

图书在版编目(CIP)数据

一不小心成天才 / (加) 伊丽莎白·麦克劳德, (加)
弗里达·维辛斯基著；吴丹译. -- 北京：北京燕山出
版社, 2021.9

书名原文: How to Become an Accidental Genius
ISBN 978-7-5402-6160-3

Ⅰ. ①一… Ⅱ. ①伊… ②弗… ③吴… Ⅲ. ①科学家
－生平事迹－世界－青少年读物 Ⅳ. ①K816.1-49

中国版本图书馆CIP数据核字(2021)第168815号

北京市版权局著作权合同登记号 图字: 01-2021-4199号

策划出品	悦悦图书	策 划 人	罗 红
统 筹	沈 芊 周媛媛	特约编辑	陈昕言 胡元曜
设 计	梁家洁	插 画	梁家洁

悦说
YUEYUE

责任编辑　刘占凤　任 臻
出　　版　北京燕山出版社有限公司
社　　址　北京市丰台区东铁匠营苇子坑 138 号嘉城商务中心 C 座
邮　　编　100079
电话传真　86-10-65240430（总编室）
印　　刷　江阴金马印刷有限公司
开　　本　787毫米×1092毫米 1/32
字　　数　80 千字
印　　张　6.25 印张
版　　次　2021 年 9 月第 1 版
印　　次　2021 年 9 月第 1 次印刷
书　　号　ISBN 978-7-5402-6160-3
定　　价　38.00元

关注悦悦图书

献给我的朋友米歇尔，

带着对科学博览会的爱和回忆。

—— 伊丽莎白·麦克劳德

献给我的表弟和朋友，作家费伊·里夫金，

他的善良和坚持是一种鼓舞。

—— 弗里达·维辛斯基

目　录

序 言

怎样才能一不小心成天才呢?

意外如何带来创新、发明或科学突破呢? 有一点是肯定的, 大多数的创新发明都不是在一夜之间发生的。很多发明家尝试一种解决方案之前会花费很长时间思考这个问题, 大多数人在成功之前都会经历失败。

"天才"是什么呢?

"天才"视失败和意外为机遇。

"天才"会在意想不到的事情发生时随机应变。

"天才"明白运气和时机是过程的一部分。

"天才"会保持好奇心并善于提问。

"天才"永远不会拒绝探索问题的答案。

我们在这本书中描述的所有"一不小心成天才"的天才们都具有这些或其他个人品质。这些非凡的发明家来自不同的背景、宗教和国家。有些人年轻时就很成功；有些人则花了几年时间才做出一项发明或发现。有些人善于独自工作；有些人则喜欢与同事合作。

但是每个人都已对世界做出了重大贡献。每个人都带着激情、好奇心、坚毅和一点点的运气从事着他们所热爱的工作。

谁知道呢！没准儿你也会一不小心成为天才！

最伟大的发明家叫作偶然。

—— 马克·吐温，作家

任何从未犯过错误的人一定从未尝试过新的东西。

—— 阿尔伯特·爱因斯坦，科学家

在某个地方，一些不可思议的事情正等待着人们知道。

—— 卡尔·萨根，科学家

第 **1** 章

勇于尝试

　　成功的发明家在探寻奇妙的发现或有用的发明的过程中会做不同的实验。如果一项实验失败了，他们会尝试另一项直到穷尽所有的可能性。然后，再继续尝试。

　　有时，发明家会受到奖赏的激励，去尝试一些新鲜的事物。18世纪早期，军队能够长期保存食物的方法不多，法国拿破仑·波拿巴将军深刻认识到这一点，决定悬赏征求在运输途中使食物保鲜的方法。

有一位名叫尼古拉·阿佩尔的厨师，他一直在反复实验不同的解决方案，拿破仑的奖赏也鞭策着他更加努力地做出发明。阿佩尔的解决方案是什么呢？那就是先加热食物，煮沸，然后将它密封在玻璃罐中与空气隔离，以防腐烂。尽管他的发明赢得了拿破仑将军颁发的奖赏，但玻璃罐特别容易被打碎，所以其效果远远不如阿佩尔期望的那样好。然而，这个方法是解决食物储存问题重要的第一步。在此基础上，菲利普·德·吉拉德和彼德·杜兰德所发明的马口铁罐头才问世。

有一位名叫罗伯特·切泽布罗的美国化学家从鲸蜡油里提取出了煤油。但是，随着石油的发现，煤油逐渐被淘汰了，于是罗伯特·切泽布罗决定开始研究这种新燃料。他发现黏着在油泵杆周围的油脂垢有利于促进割伤和灼伤愈合。他反复试验了十年，终于在1872年，切泽布罗以"凡士林"命名此种油脂，并申请了专利（更多专利详情见第119页）。之后，他走街串巷，向公众销售这种神奇的油脂。如今，凡士林仍然在世界各地广为使用。

即使一位发明家失败了 999 次，但只要他成功了一次，他就成功了。他会把他前面的失败看作练习。

—— 查尔斯·F. 凯特林，发明家和工程师

从虫胶到震惊世界

塑料，1909年

利奥·亨德里克·贝克兰博士
（1863—1944年）

利奥·贝克兰的父亲是一个鞋匠，母亲是一个女佣。他是如何成为"塑料工业之父"的呢？

作为一个男孩，利奥·贝克兰年幼时读过本杰明·富兰克林等科学家和发明家的故事，所以他也想发明一些新奇的东西。因此，他在学校刻苦学习，并多次获得奖学金。同时，他也像富兰克林一样，有着锲而不舍的精神，即使有时事情并没有按照他预想的那样发展。

他的母亲也鼓励他成为一个优秀的人。21岁时，贝克兰获得了化学博士学位。

1889年，贝克兰和妻子塞丽娜以及他们的三个孩子移居至美国。他在美国成功研发出一种新型相纸：接触印相纸。柯达公司购买了接触印相技术，贝克兰用所得资金购置了一栋房子，并建立了一所私人实验室。那么，是时候可以搞一个新的发明了！

贝克兰决定研发一种便宜的虫胶，它是一种广泛用于装点食品和处理木材的物质。虫胶提取自印度和泰国森林中雌性紫胶虫的分泌物，5万多只紫胶虫才能产出1公斤（2.2磅）的虫胶，因此虫胶价格十分昂贵。

但是，在尝试发明新型虫胶的过程中，贝克兰偶然创造了一种截然不同的、令人惊奇的物质，这种物质能在永久硬化前被塑造成不同的形状，贝克兰将之命名为电木（酚醛塑料），并在1909年获得了专利。

很快，用电木（酚醛塑料）制成的收音机、汽车、家用电器和人造珠宝开始畅销。可以说，电木（酚醛塑料）引领了一个全新的工业——塑料工业。

时尚的酚醛面包箱不仅可以让你的面包保鲜，还可以成为你厨房里亮丽的一角。

酚醛首饰色泽鲜艳、优雅脱俗，连世界著名设计师可可·香奈儿都是它的超级拥趸。

不可打破

凯夫拉，1971 年

斯蒂芬妮·克沃勒克
（1923—2014 年）

斯蒂芬妮·克沃勒克出生于美国宾夕法尼亚州的匹兹堡市郊区，小时候，她喜欢和父亲一起在自己家附近的树林和田野探索自然。正是这些从小培养起来的兴趣，使克沃勒克在读大学时选择了化学专业。她一心想找到一份与科学相关的工作来赚钱支付她上医学院的费用。但在那时，很少有女性从事科学工作。

克沃勒克是幸运的。第二次世界大战（1939—1945年）刚刚结束，许多男人因参战尚未归国。雇主们很愿意雇用技术熟练的工人，即使她们是女性。克沃勒克在杜邦公司找到一份令她十分满意的工作，因此决定不去医学院学习深造了。四年之后，她所在的杜邦团队搬至特拉华州，克沃勒克也跟随至此。1964年，她的工作团队致力于寻求一种可以在制作轮胎过程中使用的质地轻薄且强度高的纤维。他们认为轮胎的质地越轻薄，就越能节省燃油。

斯蒂芬妮·克沃勒克也许是她的科学家团队中个头最小的那一个，但她小小的身躯却有着大大的创造力。

克沃勒克喜欢布料，曾一度想成为一名时尚设计师，但她对化学的热爱鼓舞着她发明出一种与众不同的纤维材料——可以挡住子弹或保证消防员的安全。

有一天，克沃勒克在做实验的过程中发现了一种独特的浑浊混合物。她的同事正准备将这种溶液倒掉，克沃勒克阻止了他。因为她有预感：这溶液将有大用处！

后来的实验证明她是对的。克沃勒克偶然合成的这种溶液，强度居然比尼龙和钢还要大——尽管还存在一些缺陷。之后，她一直反复实验直到1971年凯夫拉纤维正式问世。

直到今天，凯夫拉仍被广泛用于多种产品的制造，如网球拍、滑雪板、轮船、飞机、电缆防护套、防弹衣、消防靴、曲棍球棍等。

因为克沃勒克的雇主杜邦公司拥有这项发明创造的专利权，所以这项发明并没有给她带来金钱上的回报。但是克沃勒克却因此入选美国国家发明家名人堂，成了全球第四位获得此殊荣的女性，并且获得了其他荣誉。

凯夫拉纤维可以应用于自行车车胎、帆赛艇、防弹衣、潜水衣和防火衣。它耐高温，质地轻盈，近看像蜂窝。

使用由凯夫拉纤维制成的滑雪板飞越雪地时，凯夫拉纤维会将冲击和振动吸收，滑雪板不会裂开。

想要发明东西，你需要卓越的想象力和一堆废品。

—— 托马斯·A. 爱迪生，发明家

意外的突"破"

智能微尘，2003 年

杰米·林克
（1978—）

你永远不会知道当你参加比赛时会发生什么。25岁的杰米·林克是加利福尼亚大学圣地亚哥分校的一名研究生，她在美国国家发明家名人堂举办的大学发明家大赛中获得了 5 万美元的大奖，获奖的发明是她偶然发现的硅片——"智能微尘"。

林克一直对数学和科学，尤其是化学，非常感兴趣。她先后在普林斯顿大学和加利福尼亚大学学习化学。在加利福尼亚大学学习期间，她有一次不小心损毁了一个储存着电子信息的硅片。她没有扔掉这些碎片，而是仔细地检查了这些碎片。令她惊讶的是，无论是外形还是运行状态，每一个微小的碎片——也就是硅尘——都和原先的完整硅片完全相同。

这个发现意味着什么？它能用来做什么呢？林克意识到，她的意外发现是有很多实际应用之处的。科学家可以利用智能微尘粒子检测水和空气中的有毒物质，或者筛查新型药物中的化学物质。如果水、空气或药物中出现有毒物质，微尘中的传感器就会变色。

林克十分激动。智能微尘可以帮助保护像水一样的珍贵资源。"我很开心看到智能微尘在环保方面的应用，"她说，"当我在下加利福尼亚半岛检测受污染的海湾时，那里的水污染程度真的令人震惊，这也让我意识到我们急需这样的工具。"

个头微小却功能强大的智能微尘在水中检测到有毒物质和污染物后会变色。

2004 年，杰米·林克、瑟奇·贝隆吉和王磊一同入选《技术评论》"世界 100 位顶尖青年发明家"。

滑雪板

车胎

潜水衣

帆赛艇

防弹衣

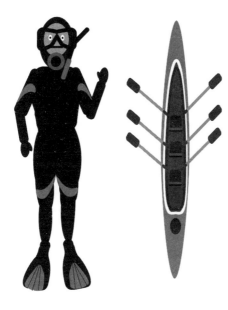

第 2 章

学以致用

当这些"一不小心成天才"的发明家们发现有问题需要解决时，他们就会去主动学习更多的知识，分析数据，并利用所有的信息找出解决方案。当实验失败了或者结果不如预期时，这套方法尤其奏效。

那我们如何从一个问题的研究中获取知识呢？

你需要观察、聆听、求教他人，并且尽可能地阅读有关这个主题的所有资料。

所有的发明家都能从他人的成就中获益。他们知道自己可能会遭遇失败，他们也明白自己可能需要重新考虑研究方法。但是"一不小心成天才"的天才们总是愿意接受新的想法和研究方向。

缝纫机的发明者小伊莱亚斯·豪曾经制作出一种扣链。19 世纪 50 年代，惠特科姆·贾德森在受到这种扣链的启发后，发明了拉链。1893 年，贾德森在芝加哥世界博览会上展示了他的发明，然而由于使用不便，没有人对此产品感兴趣。几年后，瑞典裔电机工程师吉德昂·逊德巴克对贾德森的设计进行了改进和完善。到了 1913 年 12 月，逊德巴克研制出了现代拉链。1917 年，他获得了拉链的发明专利，并制作出了可以生产拉链的机器。一开始，拉链在制作靴子时被广泛使用。直到 20 多年后，拉链才逐渐出现在服饰及许多其他产品上。

没有马达还有可能飞行，但没有知识和技能是不可能的。

——威尔伯·莱特，飞机的发明人之一

这是女佣做到的

恒星分类，1890 年

威廉明娜·佩顿·史蒂文斯·弗莱明
（1857—1911 年）

威廉明娜·弗莱明出生于苏格兰，她与她的丈夫迁居到马萨诸塞州波士顿时，她还是一名女佣。但是在他们的儿子出生之前，她的丈夫就抛弃了她。尽管她很聪明，并且喜欢科学和数学，但在那个年代除了当教师、裁缝或用人外，女性很少有工作机会，单身母亲的选择就更少了。

幸运的是，弗莱明找到了一个为爱德华·皮克林工作的机会。皮克林不仅是哈佛大学的天文学教授，也是哈佛大学的天文台台长。他要求严格，追求卓越，弗莱明在他家做女佣表现得非常出色。当时，皮克林对自己助理所做的工作感到很失望。据报道，他曾说过他的苏格兰女佣都会比他的男性助理更能胜任工作并且做得更细致。不久之后，皮克林就正式聘用威廉明娜·弗莱明专职做天文学工作。

弗莱明用实际行动证明了她的老板是对的。她潜心学习，努力认真工作，将10351颗恒星分类为17种。她发现了10颗新星（即亮度突然增强随后减弱的恒星）、59个气体星云或尘埃云。她持续研究长周期变星，并发现了其中的222颗。

直到1890年，她的名字才开始出现在自己撰写出版的工作报告上。之后，弗莱明也招募了其他聪慧且具备科学头脑的女性进行天文学研究，其中不少人也成了世界知名学者。

通过研究和追踪恒星，威廉明娜·弗莱明和她的同事们帮助我们了解宇宙。1888年，弗莱明在哈佛大学天文台的照相底板上发现了"马头"星云（星际空间里的尘埃云）。现在我们可以通过哈勃太空望远镜观测到马头星云，它从地球上看去仿佛是一个马头。

提问的艺术和科学是所有知识的源泉。

—— 托马斯·伯杰，作家

神奇的射线

X 射线，1895 年

威廉·伦琴博士
（1843—1923 年）

威廉·伦琴在技术学校读书时被诬告画了一位老师的滑稽漫画，并因此被勒令退学。如果他在这之后没有坚持学习，他就不会获得工程学博士学位。如果他不擅长机械设计，他可能就不会用管道、板材和荧光屏去做实验。如果他的妻子安娜没有偶然把手放在实验设备中，他可能就不会拍下第一张 X 光片。

22

伦琴出生于德国，在荷兰长大，后来在德国担任物理学教授。任职期间，他对其他科学家的工作做过研究，特别是关于在极低气压下穿过气体的电流的研究。伦琴在一间黑暗的房间里做实验，他用黑纸板将放电管严密封好并遮蔽所有光线。他移动设备并反复观察、分析以及尝试新的方法想看看究竟会发生什么。当他的妻子安娜将手放在阴极射线前时，他震惊了。影像清晰地显示出她的手部骨骼，甚至还能看到她手上的结婚戒指。这是一个极其令人震惊的骨骼图像，安娜惊呼道："我已经看到了自己的死亡！"因为对此现象一无所知，所以伦琴用代表未知的符号"X"来命名这种射线。

第一张 X 光片随后引发了一项早期诊断疾病并挽救生命的技术。没过多久，其他科学家便认识到伦琴这项发现的重要性。1901 年，伦琴成为第一位诺贝尔物理学奖获得者（这是科学界的最高荣誉，详见第124 页）。

居里夫人是如何拯救生命的?

在科学领域两次获得诺贝尔奖的玛丽·居里深受伦琴的发明的影响。在第一次世界大战中,她和女儿艾琳将X光机带到战场前线附近,帮助受伤的士兵做出诊断。

让心脏保持跳动的节奏

心脏起搏器，1949 年

威尔弗雷德·G.比奇洛博士
（1913—2005 年）
约翰·C.卡拉汉博士
（1923—2004 年）

回到 1949 年，那时还没有人做过开胸手术。威尔弗雷德·比奇洛是加拿大安大略省多伦多市班廷研究院的心脏外科医生，他认为必须做一些事情帮助一些心脏疾病患者生存下来。但是，如何能在开胸手术过程中保持心脏跳动呢？在研究了手术中温度的重要性后，比奇洛和他的同事约翰·卡拉汉决定做一些新的尝试。在做心脏手术前，他们对心脏实施"极度低温"。不幸的是，当他们这样做时，病人的心脏突然停止跳动了。比奇洛尝试了心脏按压，但并没有奏效。"我近乎绝望地戳了戳那颗心脏。"他说。令他惊讶的是，他使用电子探针使心脏恢复了跳动。病人得救了。

体外心脏起搏器由约翰·霍普斯发明，雷·沙博诺制造。

接下来医生们要做的就是，制作出一个电击受损心脏的装置使这次偶然的发现变为现实。他们需要一名电机工程师来制造这个装置。于是，他们找到了约翰·霍普斯博士，他研制出了第一台心脏起搏器。它比鞋盒还要大的个头限制了它的使用，但后来其他医学发明家研制出了小型心脏起搏器，可以直接植入人体胸部。

1984 年，约翰·霍普斯本人接受了心脏起搏器的植入手术，这让他的寿命延长了 14 年。

神奇吧？是真的！

幸运的意外！

威尔逊·格雷特巴奇在制作一台心率记录仪时不小心安装了错误的部件，受此启发，1960 年他发明了植入式心脏起搏器。

X光机

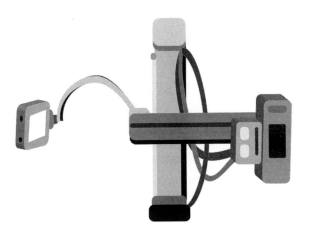

心脏起搏器

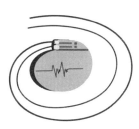

利用射线扫描的CT机

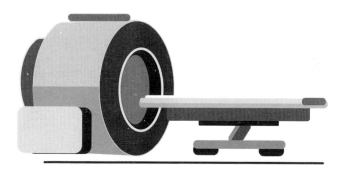

第 3 章

注意留心

发明家们创造出来的东西可以让生活更美好、更简单或更有趣。各种发明创造也会让事物变得更加经济实惠或者运行得更快。因此，"一不小心成天才"的成功发明家们总是能时刻注意到他们周围发生的事情。

1994 年马萨诸塞州贝德福市，10 岁的女孩凯瑟琳·格雷戈里在家门口玩雪。因为雪从袖口渗入衣服里面，她觉得冰冷刺骨。啊！太冷了！她没有像别人那样仅仅是想了一下，而是做出了一些行动。她发明了一种摇粒绒材质的无指护腕手套，并给这种手套起名为"护腕手套"。

格雷戈里的发明非常成功，连音乐家们在演奏时都可以佩戴这种手套。它们既可以保暖又可以让手指活动自由。护腕手套的另一种款式甚至还有一个用来放暖宝宝的小口袋。

有的时候，当一名发明家对自己的实验结果感到意外时，他就需要对此特别注意了。威廉·亨利·珀金是一名英国化学家，1856 年，他想要尝试制造人工奎宁来治疗会引发高烧的疟疾。

但是珀金在实验过程中合成了一种紫色物质，他注意到这一点，并意识到自己创造出了第一种人造染料。他称它为苯胺紫或者木槿紫，这种染料也促成了许多新的颜色和染料的出现。

看似微不足道？其实很重要！

有时，发明家们应当对一些看似微不足道的小事仔细关注。例如，在 20 世纪前期，大家都很喜欢喝罐装饮料。那么问题来了——人们需要一个开罐器来打开罐子。

1959 年，美国发明家艾马尔·弗雷兹在一次野餐中忘记了带开罐器，因此他不得不使用他的汽车保险杠打开饮料罐。多么令人沮丧！弗雷兹决定寻找一种更好的方法。几个月之后，他开始专心发明拉环或拉片。从那之后，汽水罐就变成容易打开的易拉罐了。

你需要全神贯注于手上的工作。

—— 亚历山大·格雷厄姆·贝尔，电话之父

刮得干干净净

挡风玻璃雨刮器，1903 年

玛丽·安德森
（1866—1953 年）

"呃，那个电车司机真可怜。"玛丽·安德森心想。1902 年 11 月，玛丽·安德森去纽约旅行，当时天气非常糟糕。在雨雪天乘坐电车时，司机根本无法看到车窗外的路况。他不得不一直开着前车窗，冰冷的雪片打到脸上，又冷又湿。

电车上的其他乘客一定也看到了司机饱受雨雪夹

击的窘境，但只有安德森是真正注意到了。回到阿拉巴马州之后，她反复思考这个问题并发明了汽车挡风玻璃雨刮器。

安德森的发明是这样的：司机用一个拉杆从车内拉动车外的雨刮臂，雨刮臂上装有一个橡胶刮片，并且装有一个配重可使雨刮器与玻璃保持接触，这样雨刮器就可以在挡风玻璃上往返刮刷。

1903 年，当安德森在为挡风玻璃雨刮器申请专利时，申请文档中必须包含发明的详细图纸。

其他的发明家们也曾设计出类似的装置，但安德森的雨刮器是第一个可以正常工作的。起初，人们认为雨刮器会分散司机的注意力。但是随着越来越多的人开始开车，挡风玻璃雨刮器也就成了汽车的标准配件。

另一位女发明家夏洛特·布里奇伍德也对此发明给予了关注。她意识到电动雨刮器的重要性——运行只需驾驶者轻轻拨动开关——并于1917年发明了电动雨刮器。

啊哈！

再也不会打碎盘子了！

另一位关注人们生活需求的女发明家是约瑟芬·科克伦。她对仆人们清洗餐具时经常会碰碎或打破盘子感到很无奈，因此决定做个发明创新。"如果没有人打算发明洗碗机，"科克伦说，"我就要自己动手了！"

因此，在一位名叫乔治·巴特斯的机械师的帮助下，科克伦发明了第一台实用型洗碗机，内部装有金属框架和加压喷水装置，基本上和现在的洗碗机差不多。很快，她的朋友们就开始向她订购洗碗机。科克伦逝于1913年，2006年获追授入选美国国家发明家名人堂。

吃花生吗？

大量的花生制品，20 世纪 10 年代

乔治·华盛顿·卡弗
（19 世纪 60 年代—1943 年）

乔治·华盛顿·卡弗年幼时就对植物有着浓厚的兴趣。19 世纪 80 年代中期，20 岁的卡弗申请在他所居住的堪萨斯州的一所大学上学。他为自己被大学录取感到自豪，可当他出现在校园里时，他还是被拒绝入学了，因为学校不接受像卡弗这样的黑人学生。他从未忘记那一刻他有多么地难过。

后来，卡弗去了爱荷华州立大学学习植物学专业。1894年他顺利毕业，成为爱荷华州第一位非裔美国教师。当阿拉巴马州塔斯基吉师范工业学院请他就职时，他欣然接受了。（"师范学院"是培养教师的学校，如今这所学校被称为塔斯基吉大学。）当时这所大学是专为黑人学生开设的。

花生是一种奇妙的植物。开花后，它的茎会长出来像"钉子"的东西扎进土壤里，每个顶端会膨胀成花生壳。

很多人把花生叫作"goobers"，这个名字来源于非洲单词"n-guba"。花生是世界上最古老的农作物之一，它们个头很小，却改变了卡弗的一生，也使美国南部的农业发生了翻天覆地的变化。

卡弗看到阿拉巴马州黑人农民贫穷的生活，想要帮助他们。因为阿拉巴马州的许多农民种植棉花，但棉花从土壤中吸收的营养素几乎比其他任何农作物都要多。随着土壤的质量越来越差，农民每年耕作的土壤上产出的棉花也变得越来越少了。

种植花生是卡弗的解决方式。为什么呢？因为花生实际上既能改良土壤，又能产出人们可以食用的农作物。农民们接受了乔治的建议，很快市场上就有了很多花生。卡弗注意到了这一点并决定亲自为这些花生开发其他的用途。

于是，卡弗把自己关在实验室里，并开始钻研。洗发水、汽油、果汁、辣椒酱——这些还只是卡弗开发的 325 种花生产品中的一部分。

20 世纪 30 年代，卡弗在美国各处游说，在专供白人学生就读的大学、农产品大会和各州博览会上做了许多有关花生和农业的讲座。他的勤奋努力和天赋异禀让白人意识到黑人的聪明才智，也改变了白人对待黑人的方式。卡弗于 1943 年逝世，在 1990 年获追授入选美国国家发明家名人堂。

卡弗是一名教授，也是一名"一不小心成天才"的发明家。他深受学生爱戴——可比起讲课来说，他更喜欢在实验室工作。他不仅开发出可供人们食用的花生制品，还用花生制造出花生奶油、花生露和花生油等产品。其中有些是由以卡弗名字命名的卡弗连公司制造的。

卡弗不只是做发明方面的工作，他还为农民开设关于植物的讲座。因为有些农民无法来到讲座现场，他就派专家坐着卡车去农民家里拜访。

自 1979 年以来，乔治·华盛顿·卡弗科学博览会已经帮助了很多学生学习科学与发明。

仍在拯救数百万人生命的"事故"

青霉素，1928 年

亚历山大·弗莱明爵士
（1881—1955 年）

苏格兰科学家亚历山大·弗莱明才华横溢却也相当邋遢！1928 年 8 月，弗莱明将一堆未清洗的细菌样本摞在一起，离开他位于英国伦敦圣玛丽医院的实验室，去度假了。

度假归来的弗莱明像往常一样来到实验室，他发现霉菌孢子早已落入一个未覆盖的细菌盘中。哎呀！现在他不得不重新做实验了。他拿起盘子准备扔掉——但是他又看了一眼，很专注地观察了起来。

弗莱明注意到，这种霉菌落在哪里，就能杀掉哪里的细菌。这到底发生了什么呢？弗莱明培养了一个这种霉菌的样本，发现它会分泌出一种可以杀死细菌的液体。起初，他将这种液体叫作"霉菌汁"，之后他将青霉菌（现称"产黄青霉"）产生的这种液体命名为"青霉素"。

亚历山大·弗莱明偶然发现青霉素后，使用烧瓶和试管来研制青霉素，并提供给病人使用。培养皿上出现的模糊的蓝色斑点是青霉素真菌。

青霉素的发现给制药行业带来了巨大的变化，这是科学家发现的首批细菌杀手——抗生素之一。到了20世纪40年代，科学家已经有能力进行青霉素的大规模生产了。如今，制药公司可以制造合成青霉素，这使青霉素可以为更多人所用了。

专家们估测青霉素和其他抗生素已经挽救了2亿多人的生命。正如弗莱明所说，"一个人有时会找到自己没有在寻找的东西"。但这句话只适用于那些仔细留意的发明家！

神奇吧？是真的！

苏格兰英雄

亚历山大·弗莱明因发明青霉素而出名。他获得了诺贝尔医学奖，并被评为20世纪最重要的人物之一。他在伦敦的实验室现在是一个博物馆。

西班牙马德里的主斗牛场外甚至有一尊弗莱明雕像。斗牛士们将其设于此是为了向弗莱明致敬，因为青霉素的发明挽救了许多受伤斗牛士的生命！

花生生长过程

第 4 章

融会贯通

　　明智的发明家和科学家会分析过去做过的研究，期望从中发现一些新东西。他们总是处处留心，敞开怀抱，迎接新的可能性和新事物。

　　1877 年，托马斯·爱迪生尝试发明一种发报机。有一次，他正在摆弄发报机时，注意到机器的磁带在高速播放时会发出一种奇怪的噪音。听起来像是有人在说话！这让爱迪生有了一个新的想法——或许可以录一段语音信息。

爱迪生试着在锡纸覆盖的圆筒上录音，他对着话筒说话时，声音的振动被针压入圆筒。当他转动长轴回放时，他听到了自己说话的声音："玛丽有只小羔羊。"爱迪生兴奋极了！他确信这项新发明——箔片留声机将会大受欢迎。它有很多用途，比如听写、记录家人的声音、制作报时时钟和聆听别人之前演奏过的音乐。爱迪生对留声机带来的可能性深信不疑，于是他创办了一家公司，打算在第二年生产销售留声机。他是对的，箔片留声机在公众和科学界中都引起不小的轰动。然而，爱迪生又花了 10 年时间才利用蜡质圆筒制作出了一个更好的留声机。

人的头脑就像降落伞一样，只有打开才能发挥作用。

—— 汤玛斯·迪尤尔，商人

这是有意义的

折叠床，1885 年

萨拉·E. 古德
（1855—1905 年）

如果你的公寓太小，几乎没有地方放床，也没有储物空间，你该怎么办？

这是许多人面临的问题，尤其是在萨拉·古德和她的家人居住的大城市芝加哥。古德对家具非常了解，她的父亲是一名木匠，她的丈夫阿奇平日里主要做装潢椅子、沙发以及造楼梯的工作。为了帮助客户营造储存空间，古德决心做点事情。她考虑了三件事：

第一，床必须容易折叠和展开。

第二，它必须足够结实以支撑一个人的重量。

第三，它必须能固定且不随意移动。

古德要是知道她发明的折叠床深深地影响了后来的墨菲床等设计，她应该会非常惊讶。

有一所学校以古德的名字命名，以表达对古德的铭记和尊敬。这所学校鼓励学生学习 STEM 学科（科学、技术、工程和数学）。

她发明了一个带有结实的铰链式部件的柜子，两边各有一个，可以在拉开后露出一张床。当床被折叠起来时，柜子可以用作书桌，并且有足够的空间放置文具和其他用品。古德只用一件家具就解决了储存和空间这两个问题！1885年7月14日，古德成为第一批获得发明专利的非裔美国女性之一。萨拉·古德发明的折叠床后来成为墨菲床的设计基础，墨菲床于1900年获得专利，至今仍被使用。

神奇吧？是真的！

专利第一人

发明揉面机的朱迪·里德是在1884年获得专利的，她是第一位获得专利的非裔美国女性。发明可传唤服务员的酒店椅的米丽娅姆·本杰明在1888年获得专利，成为第三位获得专利的非裔美国女性。

林中漫步

维可牢搭扣，1941 年

乔治·德·梅斯特拉尔
（1907—1990 年）

当你带着狗在瑞士阿尔卑斯山上散步，发现羊毛袜子、夹克和狗的身上都粘有芒刺果时，你会怎么做？

当然了，你回家后会拔掉它。但如果你是一位像乔治·德·梅斯特拉尔一样的发明家，你就会开始思考了。或许那些牢牢钩住毛发的芒刺果里面有些有用的东西呢。

德·梅斯特拉尔在显微镜下对芒刺果进行检查，他注意到这上面的毛刺是由数百个会钩住织物的天然"小钩"构成的。现在他需要一种用纤维复制毛刺结构的方法，但他在此过程中却遇到了困难。首先，他试图用棉花来重现毛刺的效果，但没有成功。然后他又尝试用尼龙，尼龙虽能做成很好的钩子，却不能制成合适尺寸的线环。德·梅斯特拉尔气馁了。他正要放弃，这时他又做了另一个尝试——修剪线环。万岁！成功了！现在唯一的问题是如何将这一过程机械化来创造一个具有实际用途的产品。这种新产品到底会有什么实际用途呢？

20世纪60年代，乔治·德·梅斯特拉尔获得维可牢的专利。那时，很少有人知道它是什么或者它能被用来做什么。如今，维可牢无处不在！维可牢独有的钩环设计使其成为服装、医疗器械等行业的固定扣件。

德·梅斯特拉尔又花了18年的时间来解决这个发明中的其他所有问题。他将所发明的产品称为维可牢（Velcro）——丝绒（velours，法语意为"天鹅绒"）和钩针（crochet，意思是"钩子"）两个单词的结合。他在1955年获得了维可牢的专利，但直到多年之后，这种产品才被广泛使用。多亏维可牢帮助宇航员穿上和脱下笨重的宇航服，这才使它被人们知晓。当然，这只是它成功的开始。

自然是所有真理的来源。她有自己的逻辑、自己的法则，没有原因就没有结果，没有必要就没有发明。

——莱奥纳尔多·达·芬奇，发明家和艺术家

衣服口袋里面有点热

微波炉，1945 年

珀西·斯潘塞
（1894—1970 年）

　　一根棒棒糖是如何使微波炉诞生的呢？这一切都源于自学成才的工程师珀西·斯潘塞。他在读到泰坦尼克号上的无线电报员的故事后，便对无线通信产生了兴趣。斯潘塞 18 岁参加美国海军时，自学了高等数学、化学、物理和冶金学后成了一名无线电专家。

　　1939 年，斯潘塞成为世界雷达管设计专家之一，在美国国防部承包商雷声公司工作。斯潘塞在磁控管方面的成就对赢得第二次世界大战的胜利至关重要，因为磁控管是用于产生微波无线电信号的。有一次，他研究磁控管时，发现衣服口袋中的一根棒棒糖融化了。他意识到是磁控管发射的热量导致棒棒糖中的巧克力融化得非常快。这种热量会对其他事物产生什么影响？爆米花会爆吗？是的！那鸡蛋呢？哎呀！把鸡蛋放在磁控管附近时，鸡蛋熟得太快，瞬间炸裂开，崩到了一位同事的脸上！

哎呀！早期微波炉又重又大，不易使用，卖不动啊。当微波炉变得更小更轻，它们就开始飞出商店，飞入世界各地的厨房里。

1945 年，雷声公司为斯潘塞的发明申请了专利。两年后，公司成功研制出一台重达 750 磅的商用微波炉！直到多年后，才出现了小型微波炉，但是销量惊人！遗憾的是，斯潘塞从未收到过这项发明的专利使用费。如今，微波炉已经成为许多家庭必不可少的家用电器（雷声公司拥有此项专利）。

啊哈！

关于密封包装的一切

1926年，当劳拉·斯卡德在她的马铃薯片厂里发现保存在桶中的薯片会很快变味后，她便让员工们用蜡纸制成袋子来包装马铃薯片。从此，马铃薯片保鲜的时间长了许多。斯卡德也是第一个将生产日期写在包装袋上的人，这样顾客就能知道食物还能保鲜多长时间。

微波炉

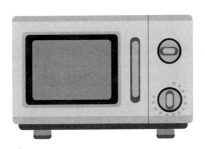

留声机

折叠床

第 **5** 章

百炼成钢

　　发明家和科学家们都知道，他们的实验要想取得成功或做出些有用的东西可能需要几年甚至几十年的时间。无论需要多长时间，"一不小心成天才"的天才们都一直坚持工作，评估结果，并不断向前努力。

　　"不要害怕艰苦的工作，万事来之不易。"格特鲁德·埃利恩说。1988 年，她与乔治·希钦斯一同获得诺贝尔医学奖。他们共同研制出了用于治疗白血病和疱疹的药物，还研制了肾移植抗排斥药物。埃利恩知道，作为一名女性，要想在自己的工作领域被认可，就必须要付出超常的时间和努力。多年来，她不得不半工半读，在攻读化学硕士学位的同时，她还得同时做三种工作：实验室助理、检验浆果和泡菜的食品分析员以及高中老师。她是同级学生中唯一一位化学专业毕业的女生。起初，因为是女性，她很难找到一份化学研究员的工作。但随着第二次世界大战爆发，许多男性被征召入伍，埃利恩终于获得了一份工作，那就是在英国宝来威康医药公司担任乔治·希钦斯的助手。她努力工作，勤学好问，反复分析数据，并且不断钻研问题。

她深知每项发现都需要时间和耐心，并对各种意想不到的可能性都抱有开放包容的态度。她认为真正重要的不是获得多大的奖项，而是自己的工作会给人们的生活带来怎样的变化。她说："后者带来的满足感远远大于你能得到的任何奖项。"

想起冰

冰棒，1905 年

弗兰克·埃珀森
（1894—1983 年）

1905 年，在加利福尼亚州的一个寒冷的冬夜里，11 岁的弗兰克·埃珀森用果味苏打粉和水做了一杯软饮料。他把饮料放在前门的门廊上忘了喝，杯子里面还插着一根搅拌用的小棍子。到了第二天早上，他发现饮料和小棍子冻在了一起。他小心翼翼地将冰冻饮料从杯子里取出后，试着舔了舔，发现味道居然好极了，他非常高兴。

十八年后，埃珀森想起了他的冰冻饮料，决定申请专利。他称其为埃珀冰棒（Eppsicle），但这个名称没能延续下去。后来，据说因为他的孩子们喜欢把这种冰棒叫作"爸爸冰棒（Popsicle）"，所以埃珀森才将其改名为爸爸冰棒的；还有人说它之所以被称为爸爸冰棒，是因为它是由汽水（soda pop）制成的。不论什么原因，爸爸冰棒这个名字一直延续到现在。之后弗兰克一直尝试做不同口味的冷冻食品。1922年，他卖房地产的时候在一个消防员舞会上介绍了冰棒，大受赞誉！

> 没有什么比在炎热的夏日（或任何一天）舔一支冰棒更爽歪歪的啦。

1924年，埃珀森将冰棒的专利权出售给纽约的乔·洛公司。如今，冰棒已经成为老少咸宜的冷冻食品！双胞胎冰棒也广受欢迎，因为两个孩子可以分享一份甜品。

现在我们仍然喜欢各种口味的冰棒，弗兰克所发明的冰棒也带动了其他插着棍子的冷冻食品的发明。但冰棒的双棒版本已不再生产了，因为很多人认为需要掰开食用的双棒不太方便，而且会弄得黏糊糊的。

啊哈！

帮助奶奶

苏菲·布罗德里克10岁的时候，她的祖母正在接受癌症治疗，她想帮祖母减轻一些痛苦，便发明了"化疗冰棒"。这是一种营养丰富的冷冻甜点，可以减轻口腔疼痛，帮助丧失食欲的病人进食。

夜复一夜

大剂量辐射，1949 年

薇拉·彼得斯博士
（1911—1993 年）

20 世纪 20 年代，薇拉·彼得斯还是安大略省乡间一个挤牛奶、开拖拉机的农村女孩，但是她梦想着有一天能成为一名医生。那时很少有女性追求医学，但在妈妈的鼓舞和自己决心的驱使下，1934 年彼得斯从多伦多大学医学院顺利毕业，成为 115 名毕业生中的 10 位女性之一。彼得斯在医学院读书时，她的妈妈不幸被诊断为患有乳腺癌，于是她研究了包括辐射在内的所有当时能够使用的癌症治疗方法。

尽管最后妈妈还是因病去世了，但彼得斯决心继续研究和分析数据，以证明辐射是可以治愈癌症的。无论白天在诊所高强度工作了一整天后有多辛苦，她都坚持在晚上认真研究和分析实验数据。经过两年深入而劳累的工作后，她得出结论，当时无法治愈的早期霍奇金氏病（一种癌症）是可以通过大剂量的辐射治愈的。

薇拉·彼得斯为每个人的健康而战，尤其是女性健康。

她的发现改变了霍奇金氏病患者的治疗方案。之后，彼得斯准备开展另一项理论研究了——这次是治疗乳腺癌。她认为根治性外科手术并不适用于所有乳腺癌患者。在严密研究和分析数据后，她公布了自己的研究成果和观点。她坚持不懈的开拓性工作最终改变了抗癌的医疗实践，她推动人们用新的方式思考，为病人提供了全新的可以挽救生命的治疗方案。

神奇吧？是真的！

强大的阵容

2014年，查尔斯·海特导演的有关薇拉·彼得斯的戏剧《不同凡响》（Radical）在多伦多上映，民众排队争相观看。该剧的剧作家——本身也是一位放射肿瘤专家（癌症专家）——从未想过薇拉·彼得斯的故事会受到这么多人的喜爱。

粘住它

便利贴，1980 年

斯潘塞·西尔弗博士
（1941—2021 年）
阿特·弗赖伊
（1931—）

便利贴的合作发明者之一斯潘塞·西尔弗博士把这项发明称为"不用不知道，一用忘不掉"的产品。那时，西尔弗是 3M 公司的一位化学工程师，专门研究胶粘技术。阿特·弗赖伊也在 3M 公司工作，他从事的是产品开发工作，总能为一些事物寻找到新的用途。在西尔弗试图为 3M 公司制造一种超强胶水时，两人便开始合作了。然而，在 20 世纪 60 年代，西尔弗研制出了一种黏着度较低但是可以重复使用的黏合剂来代替强力胶。多年来，无论西尔弗多么努力，都找不到这种黏合剂的用处。

1974 年的一天，弗赖伊想给自己的赞美诗歌本做一个不容易脱落的书签，他突然想起了西尔弗发明的可重复使用的黏合剂。他把这种黏合剂涂抹在一张纸片上，然后贴在了他的赞美诗歌本上。简直太完美了！弗赖伊跟他的同事们分享了这个西尔弗黏合剂的新用途，就这样，同事们在办公室的各个角落贴上了便利贴。所有人，包括 3M 的管理层都非常喜欢使用便利贴，于是管理层决定将这个产品推向市场。起初，他们称这些便利贴为"贴撕片"，但这个名字并不受欢迎。1980 年，他们最终以"便利贴"的名称将其重新推出，受到了广大消费者的欢迎。如今，便利贴在 100多个国家销售，人们也发现了这种具有暂时性粘贴作用的便签的新用途。

> 　　想象一下它的用途！你几乎可以用便利贴做任何事情，小到为你的家人和朋友写留言，大到创作一个超级英雄艺术作品。

　　只有创造力是不够的。特斯拉发明了电力，但是他花了更大的力气才把电力这项发明推广出去。你必须把这两件事进行结合：第一是以发明和创新为焦点，第二是寻找一个可以将技术商业化并推广到人们生活中的企业。

　　　　　　　　　　　　——拉里·佩齐，谷歌创始人之一

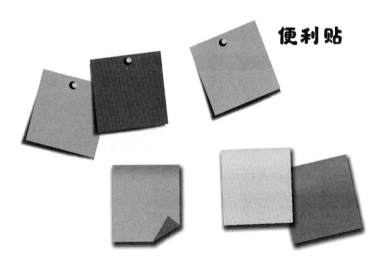

便利贴

冰棒

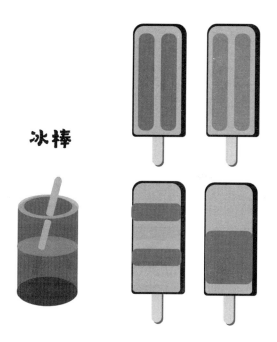

第 **6** 章

持之以恒

伟大的发明家都知道，成功的关键是永不放弃。即使他们需要尝试很多次才能完成他们的发明，他们也始终保持寻找答案的动力。

1992 年，英国设计师曼迪·哈伯曼女士经过坚持不懈的努力，研发出防漏婴儿学饮杯。起初，这位英国企业家根本找不到任何商店愿意出售她这款专为幼儿设计研发的防漏杯，后来她将一个装满液体的杯子邮寄到了一家商店。果然，一滴都没有洒出来！如今，有数百万件她发明的产品畅销世界各地。2000 年，哈伯曼被评为英国年度女发明家。

1934 年的一天晚上，珀西·肖深夜开车回家。天太黑了，他根本看不清路况。他注意到他的车灯映在一只猫的眼睛里，肖由此得到灵感，立刻想到并设计出了可以嵌在路面上的"猫眼"灯。但是这位英国发明家不得不继续努力，想办法将设计改进，这样它才可以经受汽车的日常碾轧，也可以应对道路清扫机器和除雪机器的考验。

啊哈！

古德伊尔的好主意

19 世纪 20 年代，美国人查尔斯·古德伊尔迷上了橡胶制品。但当时的橡胶有一个致命的缺点，就是对温度过于敏感，遇低温就会变脆，遇高温就会变黏。于是，古德伊尔开始尝试发明实用的橡胶材料。

1839 年，他偶然把橡胶和硫黄的混合物打翻在他的热炉子里，却发现这种混合物居然没有因为高温而熔化，并且在冷却后仍保持弹性。古德伊尔将他加热橡胶－硫黄混合物的过程称为"伏尔甘化"（伏尔甘是罗马神话里的火神）。汽车轮胎、皮球，甚至橡皮等都是由古德伊尔发明的这种工艺制备而成的。

百分之九十九的失败都是因为人们惯于寻找借口。
—— 乔治·华盛顿·卡弗，植物学家和发明家（见第37页）

蹦！蹦！跳！

蹦床，1936 年

乔治·尼森
（1914—2010 年）

马戏团的空中飞人令乔治·尼森着迷。1930 年的一天，年仅 16 岁的他在家乡爱荷华州观看一个马戏团表演，他看到了一群杂技演员在他的头顶上空盘旋的场景。但是在例行训练结束的时候，演员们会从吊杆上直接跳下，落在下面的安全网内。

上学时，尼森是一名跳水运动员和体操运动员。

他想，如果空中飞人们在安全网内可以连续跳起和落下，这场演出一定会非常精彩。

回到家后，他把一块帆布绑在一个长方形框架上，但是弹性貌似不够。那怎么办呢？尼森用轮胎的内胎将帆布重新固定在框架上。他将此发明称为弹跳台。然而，让尼森难过的是，它并不十分成功。

但他没有放弃。大学毕业后，尼森和几个朋友游历美国和墨西哥，在各地的博览会和嘉年华中做弹跳台表演。在墨西哥时，他偶然听到了西班牙语中表示跳板的单词：*trampolín*。尼森在词的末尾加了一个"*e*"，并将他的发明改名为蹦床（trampoline），大获成功！

孩子们——甚至是皇室成员！——喜欢在蹦床上蹦蹦跳跳。1980年，荷兰王室的玛格丽特公主和玛丽亚·卡罗琳娜公主曾在蹦床上玩耍。

第二次世界大战期间，尼森的蹦床帮助飞行员在空中训练定位。后来，美国宇航员和苏联宇航员都在蹦床上进行相关训练。

尼森还发明了太空球比赛，这是一种在蹦床上进行的篮球和排球组合的运动。他甚至想让蹦床成为一项正式的奥林匹克运动。他坚持给奥委会官员写信申请，经过多年的努力，最终尼森的坚持得到了回报。2000 年的澳大利亚悉尼夏季奥运会上，86 岁的尼森自豪地看着运动员第一次在蹦床上比赛。

参加太空球比赛的尼森总说这是他最喜欢的发明。蹦床是很有益于锻炼的——有弹力的弹跳表面减轻了跳跃者关节的大部分压力。即使是纯娱乐，也是很好玩的！

弯光器

光纤，1954 年

纳林德尔·辛格·卡帕尼博士
（1926— ）

纳林德尔·辛格·卡帕尼在印度达拉顿读高中时，产生了一个可以改变世界的想法。他认为光不一定是沿直线传播的，它是可以弯曲的。而他需要做的就是将这个想法变为现实。

1952 年，25 岁的卡帕尼在英国伦敦上大学时，决定用细长玻璃线或玻璃纤维来验证光线可弯曲的猜想。

但首先他就遇到了一个难题，他很难找到足够细且没有杂质的玻璃纤维。

一旦他获得足够纯净的细纤维，他就必须想出一种方法使成束的纤维有效协同工作。他坚持不懈地努力，终于在1954年获得了成功。他使用光纤弯曲光线——一种灵活、透明的玻璃线或塑料线，每根只比人类的头发稍粗一点。

不同于早期版本的腹腔镜，光纤电缆系统允许人们通过更方便的方式弯折电缆，观察难以到达的区域。卡帕尼因此被誉为"光纤之父"。

卡帕尼的发明有很多用途，光纤可以利用建筑物屋顶的阳光来照亮其他位置。这些纤维可以点亮标志、艺术品甚至玩具。光纤传输光线的距离比电缆更长，它主要用于将光从光纤的一端传输到另一端。用玻璃或塑料纤维替代金属线，是因为信号沿这两种材料的传播效果更佳。

卡帕尼是第一个使用光纤这个术语的人。如今，光纤应用于通信传输信号领域，它们也协助医生观察病人身体的内部，帮助工人检查像喷气式发动机的内部这样难以探查的位置。

连点成字

路易斯·布莱叶在年仅 3 岁时就遭遇了一场意外，导致双目失明。他虽热爱阅读，但在 19 世纪早期，视力障碍者阅读的书籍使用的是凸起字母，阅读不便。

之后，布莱叶偶然发现了一种叫作夜间书写（夜书）的军用密码。士兵可以在没有光的情况下用它进行无声的交流，但这个系统太难学了。

布莱叶花了几年时间对夜书进行改革，创造出一批便于使用的代码。到他 15 岁时，他就已经发明出布莱叶盲文——一种至今仍在使用的凸点组合字母表。

这是火箭科学

火箭燃料，1957 年

玛丽·舍曼·摩根
（1921—2004 年）

20 世纪 20 年代，玛丽·舍曼·摩根出生于北达科他州一个贫穷的家庭。她的父母认为教育无关紧要，但摩根还是坚持接受教育的梦想，离家出走去上大学。

摩根在大学主修化学专业，但就在快要完成学业之前，第二次世界大战爆发了。摩根得到了一个在工厂工作的机会，因为摩根需要钱，所以她决定接受这份工作，她很快发现她是在帮助生产炸药。

1945 年，战争结束后，摩根到位于加利福尼亚州的北美航空公司工作。不久，她开始负责计算新型燃料推进火箭的能力。该公司有 900 名火箭专家，她是唯一的女性，也是少数没有大学学位的工程师之一。

1958 年 1 月 31 日，在摩根发明的"海代恩"燃料的动力支持下，丘诺 1 号 / 探险者 1 号从佛罗里达州卡纳维拉尔角发射升空。

当时，美国在太空竞赛领域的进展落后于俄罗斯，一个重要的原因就是美国火箭燃料的性能不足以支持火箭发射。摩根花费了几年时间，经过不懈的努力，终于在 1957 年研发出了一种名叫"海代恩"的新燃料，它为丘诺 1 号运载火箭的发射提供了动力。丘诺 1 号运载火箭将"探险者 1 号"——美国第一颗人造卫星，送入了轨道。

为了感谢摩根坚持不懈的努力，她被大家称为

"拯救美国太空竞赛的女人"。

神奇吧？是真的！

成为一个女发明家很难

几乎没有人听说过玛丽·舍曼·摩根，更别提能说出任何女性发明家的名字了。为什么女性发明家这么少呢？

以前许多人认为发明的行为并不"淑女"。而且在20世纪早期，一些人认为教育会让女性变得疯狂！女性发明家很难获得她们需要的知识。

如今的社会鼓励越来越多的女孩学习STEM科目——科学、技术、工程和数学，这些正是产生最多发明和专利的领域。

大约100年前，美国只有不到1%的专利被授予女性，今天这个比例已增长到10%。希望这个比例达到50%不需要再花费100年的时间！

蹦床

火箭

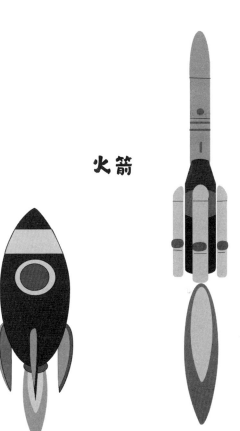

第 **7** 章

失败乃成功之母

著名发明家托马斯·爱迪生曾说过："我还没有失败，我只是发现了一万种行不通的方法。""一不小心成天才"的天才们都懂得这一点。尽管他们失败了，但他们仍坚持实验和发明创造。

爱迪生已成为美国最伟大的发明家。他发明了留声机（一种早期录制和播放音乐的设备）、电影摄影机和经久耐用的电灯泡。他持有 1000 多项专利——在发明的过程中，经历了许多次失败。

但是爱迪生从未放弃。"生活中有许多失败，"他说，"人们在放弃时并不知道自己离成功已经很近了。"

有时，发明家会通过改变对自己的发明的看法，把失败变为成功。1957 年，阿尔弗雷德·菲尔丁和马克·沙瓦纳尝试制作一种易于清洁的有纹路的壁纸。然而，他们所有的想法都行不通——但是，他们发现这种壁纸可以用作包装材料。于是，气泡纸包装材料诞生了。砰！砰！砰！

一些发明家们碰到难题时会去散散步，另一些发明家们会在笔记本上信手涂鸦。手边放一个笔记本总是有帮助的，这样你就可以将你尝试过和行不通的方法记录下来。

成功的发明家会坚持努力。"我们最大的弱点在于放弃，"爱迪生说，"离成功最近的方式是再试一次。"

寒冷的灵感

切斯特·格林伍德很烦恼，他和朋友们一起滑冰时，耳朵总是冻得冰冷。这个 15 岁的男孩灵机一动，请奶奶帮他在一个铁丝框架上装上保暖的衬垫，然后他把他的发明戴在了头上，耳朵就非常暖和了。

格林伍德的朋友们都取笑他不停地摆弄他的发明。虽然他在尝试其他创新时失败了很多次，但是，现在世界上很多人都会戴上他发明的保暖耳罩。

探囊取物

平底纸袋，1871 年

玛格丽特·奈特
（1838—1914 年）

　　玛格丽特·奈特在缅因州长大，她酷爱发明和制造东西。她很小的时候，父亲就去世了。1850 年，年仅 12 岁的她去了一家棉纺厂工作。当看到同事被纺织机（一种编织的机器）的铁梭戳伤后，她很快便为织布机发明了一种安全装置。

　　随后，奈特开始在一家生产纸袋的公司工作。

那时，平底纸袋只能靠手工制作，价格昂贵。所以人们通常使用 V 形底袋子，但是比起平底袋子却不够实用。

多年来，很多人都没能发明出可以制造平底纸袋的机器。奈特白天在工厂工作，晚上则努力钻研，试图发明出一种新装置。她做了数百个模型，虽然没有一个成功，但是她从错误中吸取了经验教训。几个月后，她终于设计出了平底包装袋制造机器，之后她又花了 2 年的时间做了完善和改进。

玛格丽特·奈特知道平底纸袋非常实用，易于包装和携带物品。她用来申请纸袋折叠机专利的模型已有 140 多年的历史，但它背后的设计理念在制作纸袋的过程中仍然被采用。

奈特设计的机器模型是用木头制成的，但为了获得专利，她需要做出一个铁制机器。而就在制造过程中，一位男士看到并盗用了她的设计。奈特把剽窃者告上了法庭，并通过阐述自己的发明过程和原理成功说服法官判决她胜诉。1871年，奈特终于获得了该设备的专利。后来，她创办了自己的纸袋公司，而这项专利只是她众多发明中的第一项。

奈特发明的制袋机原型在华盛顿的史密森学会博物馆展出。

万能且完美的产品

其实平底纸袋只是许多需要通过努力来改进的产品之一。

当时，加利福尼亚州圣地亚哥市的火箭化学公司正努力发明一种能防潮并防止金属生锈或被腐蚀的产品。化学工程师诺姆·拉森在此之前已经尝试了 39 种方法，经过多次失败后，终于在第 40 次实验时成功发明出一种排水试剂。

该公司将该产品命名为 WD-40。如今，它可用来清理地毯上的口香糖，解开卡住的拉链，打开锈住的锁——有人甚至用它赶走了一条藏在公共汽车下的蟒蛇！

薄碎片发明家

凯洛格玉米片，1894 年

约翰·哈维·凯洛格博士
（1852—1943 年）
威尔·基思·凯洛格
（1860—1951 年）

约翰·哈维·凯洛格和威尔·基思·凯洛格两兄弟在密歇根州的巴特尔克里克市经营一家疗养院（人们生病后可以去那里康复），他们兄弟俩总是会为疗养者提供健康的膳食。

在抗生素被发现之前（见第41页），许多人都在疗养院里养病，就像凯洛格兄弟经营的疗养院一样。凯洛格疗养院的病人不仅吃健康的食物，还做一些呼吸锻炼。疗养院里的病人从各种疾病中康复了。

一天，他们煮熟麦仁后忘记了，不小心放了几个小时之后，麦仁变得太干了，所以也不能吃了。真是糟糕！他们本来会扔掉这锅麦仁，但是因为预算紧张，他们决定看看有没有办法挽救。

兄弟俩一直在努力寻找易于疗养者消化的面包替代品，1894年8月的某天则从此改变了我们的早餐结构。当兄弟俩发现被遗忘的麦仁时，他们决定继续加工，看看会发生什么。他们将这些麦仁放入压面机，考虑压成面团。

然而，麦仁压了之后没有成团，反而碎成了薄碎片。兄弟俩没想到会这样，但是他们还是把这些薄碎片烘烤后分给疗养者食用。居然很好吃！小麦薄碎片大受欢迎，疗养者甚至想把它们带回家。

后来，威尔·基思用玉米代替小麦来制造谷物麦片。玉米片甚至比小麦薄碎片更受欢迎，但威尔·基思认为味道还可以改善——因为他认为当时的谷物麦片吃起来味道像纸板。1906年，威尔·基思开始在配方中加入糖，谷物麦片的销售额开始猛增。多年来，凯洛格玉米片一直是世界上最畅销的谷物麦片之一。

玉米片是这种广受喜爱的谷物的俗称。然而，凯洛格两兄弟称其最先制造的谷物薄片为"Granose"。如今，180多个国家的人们都在食用玉米片。

咻咻咻！

单足滑板车，1998 年

蔡水德
（1957—）

机械工程师蔡水德在中国台湾地区彰化市的一座大自行车厂工作，他对每天需要花费很长时间在工厂里到处走动感到很疲惫。蔡水德觉得靠腿走路很慢，于是决定发明能让工作加速的东西。

滑板车已经存在了几十年，但蔡水德想要做出一个全新的版本。然而他和他的团队必须接受，失败是所有发明创造过程的一部分。他们花了 5 年时间进行设计和实验，但蔡水德和他的团队从未放弃。

蔡水德原本是为了提升工作效率发明了单足滑板车。但是现在，他的大部分单足滑板车都是孩子们玩耍时使用的。

1998 年，这款单足滑板车终于能够带着蔡水德在工厂里快速移动。这款时尚的滑板车用铝制成。铝这种金属虽然轻，但其坚韧程度甚至可以用于飞机制造。这款新型单足滑板车可以对折，所以易于存放，车的把手可根据骑手身高任意调节。难怪头 6 个月就售出了 500 多万辆。2001 年，它被评选为"年度玩具"。

从去污剂到玩具

许多著名的偶然发明都是运动器材或者玩具。

例如，20世纪50年代之前，煤用来给家庭供暖，但它会在家里的壁纸上留下烟渍，所以美国人诺厄·麦克维克发明了一种面团状的材料用来去除这些污渍。然而，当天然气成为一种更普遍、更清洁的能源时，这种面团状的材料就卖不动了。哦，这项发明貌似失败了。

1955年，诺厄的侄子乔·麦克维克从他学校的老师，也就是他的嫂子凯·祖法尔那里发现，她的学生们很喜欢玩这种面团状的材料。凯建议乔将他的发明改名为"培乐多"。直到现在，它仍然是世界上最受欢迎的玩具之一。

平底纸袋

单足滑板车

凯洛格玉米片

保暖耳罩

第 8 章

不要做假设

对于"一不小心成天才"的天才们来说，只使用正确的或者可以检查的信息非常重要。不管收集数据有多难，或需要多长时间，成功的发明家都知道数据的重要性。

顶尖的发明家也不会依赖直觉或猜测。这些创造者们不会将他们的思想禁锢在他们的实验结果上，而是时刻保持一种开放的姿态。

多年来，包括奥维尔·莱特和威尔伯·莱特在内的许多发明家们都在努力创造出第一架飞机。莱特兄弟制造出了滑翔机，但一直无法超越滑翔机而做出飞机。

　　莱特兄弟知道他们使用的机翼气流数据和其他发明家使用的数据是一样的。这会是问题所在吗？1901年，兄弟俩不再假设这些数据是正确的。他们建造了一个风洞来收集自己的数据，结果发现那套旧数据居然是错误的！1903年，他们基于新数据终于成功制造出飞机，成了第一个飞翔的人！

啊哈！

防　锈

　　哈里·布里尔利想为制造枪支找到一种质量更好的钢材，希望这种钢材制成的枪管能够耐磨损。这位英国科学家曾试验过不同类型的钢材，但毫无进展。随后，他开始尝试在钢中加入各种比例的铬。

1913 年 8 月 13 日，布里尔利使用硝酸蚀刻他最新配比的钢材以测试它的耐腐蚀性，在显微镜下检查时，他并没有假设会有怎样的效果。但这一次，他发现他最新研制的钢材并没有受到磨损或者化学试剂的侵蚀。他将其命名为"无锈钢"，也就是后来家喻户晓的"不锈钢"。

　　如果我们都相信公认的假设是正确的，那么我们前进的希望就很渺茫。

—— 奥维尔·莱特，飞机的发明者之一

不粘

特氟龙，1938 年

罗伊·J. 普伦基特博士
（1910—1994 年）

这是怎么回事呢？化学家罗伊·J. 普伦基特想不明白。20 世纪 30 年代，他在位于新泽西州的一个实验室工作，负责研发新型制冷剂。制冷剂就是冰箱里用来降低温度的东西，因为当时使用的制冷剂有毒且有爆炸性，所以罗伊·普伦基特想找一个更为安全的替代品。

普伦基特当时正在试验的一种物质是四氟乙烯。

1938年4月6日早晨，他和助手杰克·瑞博克打开了前一天使用过的一个四氟乙烯钢瓶的阀门。他们很惊奇地发现，尽管从重量上看钢瓶应该已经满了，但是并没有东西从里面溢出来。

那一刻，他本可以认为自己失败了，但是他没有。他小心翼翼地把钢瓶倒置了过来，发现了一种质地光滑的白色粉末。那么，这究竟是什么呢？

普伦基特很快就意识到四氟乙烯已形成了一种聚合物，这意味着分子结合形成了更复杂的物质，他把它命名为聚四氟乙烯。普伦基特发现聚四氟乙烯抗腐蚀（被化学物质侵蚀）且极其光滑。此外，聚四氟乙烯也耐高温。

罗伊·普伦基特发现特氟龙时，与杰克·瑞博克和罗伯特·麦克哈内斯共同工作。大多数聚合物产品并不是偶然发现的，但是普伦基特当时非常明智地意识到他发现了新东西。

三年后，普伦基特的实验室为此项发明申请了专利。他们还给它取了一个对大家来说更容易发音的新名字：特氟龙。这个名字由原名——聚四氟乙烯的字母组成。

　　今天，很多人家的厨房里都有特氟龙锅，因为这种锅很容易清洗。特氟龙也用于涂覆机器零件以提高耐用性，将其喷涂在地毯和家具上则可以抗污渍。特氟龙还可以用来为数据通信电缆绝缘，或者给户外标识牌做防风雨处理。

　　特氟龙一点都不粘，所以附着在表面的液体会聚积成水珠状。

编程文字

商用编程语言，1952 年

格雷丝·霍珀博士
（1906—1992 年）

20 世纪初，在纽约长大的格雷丝·霍珀对周围的一切都有着好奇心。7 岁时，她为了研究时钟是如何转动的，把家里所有的钟表都拆了！

长大后，霍珀成了一名数学教授。第二次世界大战期间，她加入美国海军预备役部队（通常不参加战斗的海军人员）。因为当时她已经 34 岁了，所以未被允许加入海军现役部队。

战后，霍珀开始在一家计算机公司工作。她帮助开发了"通用自动计算机"——首批大型电子计算机之一，之后她开始研究计算机程序。

你的电脑出过"bug（故障，原意是虫子）"吗？1947年，当霍珀和她的工作人员在一台电脑上工作时，一只虫子卡在电脑里把速度弄慢了。霍珀和她的工作人员在工作日志中记录下了这只真正的电脑"bug（虫子）"。

格雷丝·霍珀的昵称是"奇异恩典"，一艘美国海军的导弹驱逐舰"霍珀号"就是以她的名字命名的。"纪念格雷丝·霍珀科技女性大会"是世界上规模最大的女性科技从业者盛会！大会每年召开一次，分为技术会议、小组讨论会、工作坊、招聘会。

其他人都认为计算机编程语言必须是代码，因为计算机不懂英语，但霍珀没有做出这样的假设。1952 年，她和她的团队发明了第一台计算机语言编译器。

编译器将语言指令转换成计算机能够识别的代码。霍珀研制出"COBOL"，这是一种完全使用英语单词的计算机编程语言。COBOL（这个名字为英语术语"面向商业的通用语言"的缩略语）改变了人们使用计算机的方式。

啊哈！

橡皮泥

第二次世界大战带来的后果之一是天然橡胶的短缺。政府通过各种措施来应对这个问题，具体措施包括定量配给橡胶产品以及资助合成橡胶的研究等。

1943 年，工程师詹姆斯·赖特做出了一种类似橡胶的材料，但是黏性太大，所以无法代替橡胶。但是他没有假设这种新产品完全没用，而是把它包装在小塑料袋里面，并命名为橡皮泥。当时的孩子们特别喜欢玩橡皮泥——现在的孩子们仍然喜欢！

　　1968 年，宇航员把橡皮泥带到了太空。他们用橡皮泥固定工具，这样工具就不会在微重力环境下四处漂浮。

终于"再见"啦！

激光除白内障治疗，1986 年

帕特里夏·巴斯博士
（1942—）

20 世纪 40 年代中期，帕特里夏·巴斯在纽约长大。那时，女性和有色人种是很难进入医学院学习的，尤其是如果他们没有多少钱的话。但巴斯依然努力学习，获得奖学金，并于 1968 年从霍华德大学毕业获得医学学位。

在医学院，巴斯对帮助视力不好的病人尤为感兴趣。许多病人患有白内障，它会遮住眼内的晶状体，使人的视力变得非常差。治疗白内障包括摘除晶状体并用合成的透明晶状体代替。

巴斯一直相信自己可以改进白内障手术。1981年，她想到了用一种激光设备来治疗白内障。然而，她提出的这种想法对于现有的技术来说太先进了。

终于在1986年，她发明出了激光除白内障手术仪，这是她在1981年所构想的激光设备。她用了多年时间进行研究和测试，并在1988年获得了激光除白内障手术仪的专利。

　　帕特里夏·巴斯发明的激光除白内障手术仪在世界各地被用来治疗白内障。

　　巴斯持续改进自己的发明，通过使用激光除白内障手术仪，她已经能够使数年不见光明的患者重新恢复视力。

这项发明开启了激光除白内障手术的时代。激光除白内障手术的目标在于提高手术的精准性、安全性和有效性，从而使患者受益。

巴斯并没有止步于此。在之前提出的想法的基础上，她继续进行发明和改进，因此获得了多项关于白内障手术的专利。

神奇吧？是真的！

什么是专利？

帕特里夏·巴斯是第一名获得医学专利的非裔美国女性。专利赋予其持有者阻止他人制造、使用、销售和进口该发明的合法权利。

许多人认为亚历山大·格雷厄姆·贝尔的电话专利是有史以来最具有价值的一项专利。

有些发明家，如亚历山大·弗莱明（见第41页）和玛丽·居里（见第24页），选择不为他们的发明申请专利。虽然每个人都可以从发明中获益，但只有专利持有者才能从中盈利。

119

激光除白内障手术仪

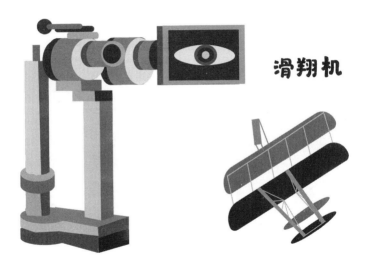

滑翔机

计算机　　　　特氟龙锅

第 *9* 章

一切皆有可能

发明家必须超越眼前的事物，并知晓自己应该会有其他的选择。他们可能会为生活中习以为常的东西开发出新用途。如果实验得到了一个意想不到的结果，他们也不会认为这种意外就一定是错误。

1866 年，阿尔弗雷德·诺贝尔在处理爆炸性硝化甘油时，不小心把这个小瓶子掉在地上了。啊啊啊！他以为自己会被炸死！然而，并没有发生爆炸。这位瑞典化学家注意到，是地板上的锯末吸收了爆炸性液体。他看到了这其中的可能性，从而发明了达纳炸药。（诺贝尔设立了著名的诺贝尔奖，因为他不想仅仅因为发明了炸药而出名。）

发明家们对各种可能性的开放态度也带来了其他发明，当然并不都具有"爆炸性"！托马斯·沙利文在纽约经销茶叶和咖啡，他经常会给客户寄送茶叶的样品。寄送时，他会用小丝袋将茶叶包装起来。客户原本应该把茶叶从袋中取出，然后放进茶壶里，但许多客户发现把茶叶连袋子放在茶壶里会更方便清理。他们还建议沙利文用粗网眼的布料装茶叶以利于冲泡。1904年，沙利文就开始销售用纱布包裹的茶包。

如果有什么事情让你心烦意乱，你可以试着做个发明来解决问题。你可以上网查找与发明家相关的竞赛或会议。

一个很棒的玩具！

1943 年，美国海军工程师理查德·詹姆斯正试图制造一种用于船上精密设备的弹簧。有一天，他在实验途中不小心将架子上的弹簧碰到了地上。詹姆斯看着它落在地上，然后开始左蹦右跳。突然，他意识到可以把弹簧变成玩具。

詹姆斯的妻子贝蒂把这个玩具命名为斯林克（机灵鬼），如今它的全球销量已超过 3 亿只。原来有这么多机灵鬼啊！

一团黏糊糊的东西

摩擦火柴，1826 年

约翰·沃克
（1781—1859 年）

约翰·沃克一边搅动着一罐冒泡的化学品，一边想："我得把搅拌棒头上的那团干黏液弄掉。"接下来发生的事情改变了世界，而这仅仅是因为沃克看到了可能性。

19 世纪初期，沃克是生活在英格兰蒂斯河畔斯托克顿镇的一名药剂师。他经常为许多科学话题着迷，其中一个就是如何发明出更安全有效的炸药。他在自家商店后的小实验室里用许多化学物质做了实验，但是都没有成功。

1826 年，沃克用一根搅拌棒将两种化学物质（硫化锑和氯酸钾）与树胶和淀粉搅拌在一起。这些黏糊糊的混合物在搅拌棒的一头开始变硬，他对此感到厌烦。于是沃克就拿起搅拌棒在实验室的地板上刮蹭。当搅拌棒的末端燃起火焰时，他惊呆了！

尽管沃克发明的摩擦火柴确实改变了世界，但他没有从中赚到什么钱。因为他从未申请专利，其他人也可以生产和销售他发明的火柴，这些火柴通常装在小金属罐里。

沃克并没有忽视这个意想不到的结果，而是对它的可能性持开放态度。他制作了一些 7.5 厘米的长火柴棒，在末端粘上这种黏性物质。然后他给朋友们表演用火柴摩擦几张砂纸，火柴就点燃了，这让他的朋友们大吃一惊。这种火柴被称为摩擦火柴，因为是通过火柴头和砂纸之间的摩擦点燃的。

摩擦火柴便于携带，因此人们可以在任何想要火的地方快速取火。沃克的发明改变了人们取火和用火的方式。

约翰·沃克并未因发明摩擦火柴而为人所知。为了纪念他，英国科学家乔·麦金尼斯在2015年向世人重新展现了沃克突破性的发明过程，艺术家莎拉·皮克林为点燃的火柴拍摄了照片。她的摄影作品随后在沃克曾居住的斯托克顿镇展出。

印第安人看娃神器升级版

宝宝蹦蹦跳，1910 年

苏珊·奥利维娅·普尔
（1889—1975 年）

苏珊·奥利维娅·普尔在明尼苏达州西北部的印第安人保护区长大，她注意到忙碌的妈妈们会用带子把婴儿固定在摇篮板上。当去田间劳作的时候，妈妈们会用皮带将摇篮板固定在树枝上。妈妈们动一下树枝，婴儿们就会在摇篮板的带动下晃动，然后就开心地咯咯笑起来。摇啊摇，小宝贝！

1910 年，普尔生了第一个孩子。这位忙碌的妈妈想起了童年时在奥吉布瓦看到过的摇篮板，她意识到这个办法的可能性并决定做一个现代改良版本。普尔用一片布制尿布做成小吊座，然后把这个小吊座挂在一个连接在斧头柄上的螺旋弹簧上。她的儿子非常喜欢这个秋千，当普尔工作时，秋千可以让孩子安全快乐地蹦蹦跳跳。

苏珊·奥利维娅·普尔有七个孩子，难怪她受到启发，发明出"宝宝蹦蹦跳"！当普尔开始销售"宝宝蹦蹦跳"时，各地的婴儿和父母们都兴奋不已。

普尔为她的七个孩子都做了"宝宝蹦蹦跳"。多年后，她为她的孙子也做了这个好东西。1948 年，普尔意识到可以将她的发明卖给其他忙碌的父母。1957 年，普尔为自己的发明申请了专利。直到现在，婴儿们仍然可以在"宝宝蹦蹦跳"上跳来跳去。

独创的本土发明

土著居民发明过许多重要的东西。比方说，他们通过一些发明，如独木舟（桦皮舟和独木小舟）、鹿皮鞋、雪地靴和雪橇等改变人们的出行方式。旧式雪橇就是一项当地的运输工具发明，它是一种由两根拴在狗或马身上的杆子组成的雪橇，雪橇上放置一个运送货物的平台或篮子。

在加拿大北部，因纽特人发明了狗拉雪橇和皮划艇以方便出行。他们还发明了冰屋和雪镜——后来演变为太阳镜。

诱饵鸭、呼叫驼鹿的扩音器、圆锥形帐篷、干肉饼（肉末做成的干制食品）——这些只是许多神奇的本土发明中的几个例子。

131

从土豆开始的

电视，1927 年

菲洛·法恩斯沃思
（1906—1971 年）

菲洛·法恩斯沃思是一名非凡的少年发明家和建造师。他的家庭搬到爱达荷州里格比市的农场里时，才 13 岁的他就能想出办法为家里的谷仓灯、缝纫机和洗衣机供电。

法恩斯沃思知道电视已经被发明出来了，但那是机械电视，使用的是有孔的旋转磁盘进行扫描、传输和显示画面，图像又小又模糊。

那时，科学家们正在寻找方法对电视做出改进。他们曾尝试过使用聚焦电子束——极小的带有负电荷的粒子——的电子管（阴极射线管）来显示图像。但至今为止，他们在电子式电视的研究方面依然一无所获。

在年仅 15 岁时，法恩斯沃思就画出了他所想象的电子式电视摄像机工作的草图。

法恩斯沃思常在家里的农场里做各种农活，包括种马铃薯。有一天，当他停下来看着田野上排成一排的泥土时，他想到可以将图像分解成平行的光线，这些光线又可以作为电子传输到远处的屏幕上。而当电子转变回光线时，原始图片就会出现在屏幕上。

因为对各种可能性持有开放态度，法恩斯沃思弄清楚了电子式电视背后的基本原理，并不断研究这种原理。1927年，年仅21岁的法恩斯沃思通过将照片扫描为一系列平行线，实现了第一张电视图像从一个房间到另一个房间的传输。

法恩斯沃思原本以为人们会使用电视来学习和了解世界。但他觉得人们通常是在一些愚蠢的电视节目上浪费时间。因此法恩斯沃思对自己的这项发明感到非常失望，他也从不允许自己家里放电视机！

可爱的储物柜

宾夕法尼亚州杜波依斯市有一位 14 岁的小姑娘，名叫莎拉·布克尔。那是在 2006 年，她爸爸给她看了公司为他制作的磁性名片，她想到了一个好主意。她央求爸爸给她自己在学校的储物柜做个磁贴壁纸，这样就可以快速轻松地装饰自己的储物柜。如今她的公司还生产学校储物柜周边产品，例如镜子、架子，甚至装饰吊灯。布克尔说："如果你觉得自己可以做点什么，那就放手去做吧。"

宝宝蹦蹦跳

电视

摩擦火柴

雪橇

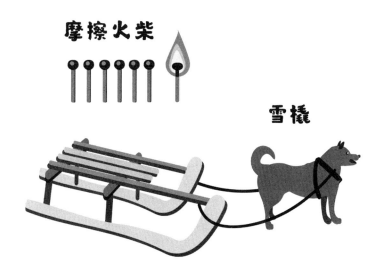

第 **10** 章

相信自己

　　失败是最好的老师，它可以帮助发明家或科学家找到通往成功的路径。即使失败了，发明家们还是会相信他们的感觉和直觉。当新的想法被否认或者被误解，他们绝不会就此妥协，而是会坚持不懈，直到有人愿意冒险尝试这个新的想法。

　　然而，相信自己和自己的工作并不是那么容易。

　　乔·舒斯特出生于加拿大多伦多，后来全家搬到美国俄亥俄州克利夫兰市，上学时他和杰里·西格尔成了好朋友。舒斯特喜欢画画，西格尔喜欢写作。上高中时，他们一起创作了一个超级英雄，并确定这将是一个完美的动漫人物。他们将自己创作的超级英雄称为超人，然而，当他们尝试寻求机会出版他们所创作的"钢铁之躯"的漫画时，他们听到的只是一声响亮的"不"。但是，他们并未罢休，反而花了6年时间做了一些人物的重塑，直到有人认可超人具备的真正潜力。1938年6月，超人系列漫画开始发售。乔·舒斯特取得了巨大的成功，直到今天，各个年龄段的读者和电影观众仍然为他创作出的不可思议的冒险深深着迷。

　　想象一下，如果舒斯特和西格尔知道他们在1938年创作的第一本超人漫画在2016年以近百万美元的价格拍卖成功，他们会有多么惊讶！

不要让别人劝阻你或告诉你你做不到。在我身处的那个时代，人们都说女性不能进入化学研究领域，但我看不出为什么不能。

—— 格特鲁德·B.埃利恩，科学家

看看我发现了什么

发现化石，1811 年

玛丽·安宁
（1799—1847 年）

玛丽·安宁有着善于发现的眼睛和敏锐的头脑。1799 年，她出生于英国莱姆里吉斯镇的一个贫困家庭。这个地区的化石极为丰富——化石就是地下封存的恐龙等古生物的遗骸。科学家和收藏家对化石有很大的兴趣，而安宁刚好非常擅长发现和采掘化石。化石都在海岸的峭壁里面，采集随时都可能发生危险，尤其

在冬天——风暴冲击海岸峭壁会造成山体滑坡。虽然危险，但是滑坡会让化石显露出来，所以安宁还是会经常在冬天去采集化石。

12 岁的时候，安宁获得了化石采集生涯中的第一个重大发现。到 1820 年，她已接管了家族的化石采集工作。她最重要的发现之一是收集到了世界上第一个蛇颈龙化石（一种恐龙）。安宁制作了图样，把化石固定在水泥上，以供博物馆、收藏家和科学家们收藏。

在化石较多的英国多塞特郡侏罗纪海岸，玛丽·安宁发现了蛇颈龙化石。她在一封信里写下了蛇颈龙化石这一激动人心的发现，并且在信上签了名。

如今，美丽的英国侏罗纪海岸仍然吸引着化石爱好者来到这里"寻宝"，他们希望能找到各种各样的化石。你也可以在那里寻找

化石，只是要小心别从悬崖上摔下来。这里
已被列入世界遗产地。

　　如果你想了解更多关于自然历史的知识，
就去伦敦的自然历史博物馆吧，去探索那些
引人入胜的有关地球生命的展品。

　　许多科学家都不相信这样一个几乎没有受过什么
教育的女孩儿能够成为一名化石专家。然而，即使是
那些对她持怀疑态度的人，也会为她的勤奋、聪慧和
超强的观察技能所折服，他们会去拜访安宁，讨论她
的想法和发现。1826年，安宁攒够了资金，开了一家
名为安宁化石库的商店出售化石。

　　安宁逝世后，著名作家查尔斯·狄更斯写道："木
匠的女儿为自己赢得了赞誉，这个赞誉也是实至
名归。"

玛丽的奇妙贝壳

一些人对玛丽·安宁不凡的故事产生了浓烈的兴趣，这催生了以她为原型的著名的"她在海滩卖贝壳（she sells sea shells by the seashore）"的英语绕口令。

明星发明家

战争中的解码，1942 年

海迪·拉马尔
（1914—2000 年）

　　海迪·拉马尔不仅是一位魅力十足的好莱坞女演员，也是一名致力于无线电信号跳频技术的发明家，对盟军在二战中战胜纳粹有所助力。拉马尔多样的职业生涯始于奥地利，当时她（当时的名字叫黑德维希·伊娃·玛利亚·基斯勒）嫁给了一个年纪挺大但是非常富有的奥地利军火（武器和弹药）制造商和经

销商，她丈夫与墨索里尼等法西斯头目以及为之工作的科学家们私交甚好。

海迪·拉马尔是一位明星演员、发明家和思想家！虽然她以做演员谋生，但是她真正的热情都在发明创造中。拉马尔发明的秘密通信系统旨在第二次世界大战中帮助盟军保卫自己的国民。

她当时的确住在城堡里，但是是和一个有虐待倾向的丈夫住在城堡里，那根本不是童话。有一天，她设法从婚姻中逃了出来，最终到达了美国。她改名为海迪·拉马尔并开始了演艺生涯，这也是拉马尔开始发明事业的地方。她的早期发明包括改良版的交通信号灯，可以帮助行动不便的人进出浴缸的辅助工具，能发出荧光的狗项圈以及快速制备碳酸饮料的方法。第二次世界大战期间，拉马尔与作曲家乔治·安泰尔共同发明了无线电信号跳频技术，该系统可以干扰鱼雷并阻止其损坏盟军船只。

遗憾的是，美国海军花费了很久才将他们的发明应用起来，终于在 1962 年，海军舰艇上使用了这个通信系统的更新版本。拉马尔和安泰尔发明的通信系统是无线电通信技术的早期形式。

神奇吧？是真的！

不可思议的海迪

海迪·拉马尔觉得自己出演的许多角色都很无聊。她从事发明不仅因为她富有创造力，而且因为她喜欢挑战。她说："任何富有创造力的人都想做不可思议的事情。"

试试这个

电子喂食装置，1951年

贝茜·布朗特·格里芬
（1914—2009年）

第二次世界大战之前，对于一名黑人女性来说，想在芝加哥成为一名理疗师是非常困难的，但贝茜·布朗特·格里芬还是下定了决心要实现梦想。作为一名为受伤士兵治疗的理疗师，在看到被截肢者日常活动的困难和沮丧情绪后，她很想帮助他们。通过仔细分析问题，格里芬发明了一种机器来帮助截肢者自己进食。

她认为这是帮助他们变得更加自立的重要途径。她所设计的管子帮助病人合理控制他们的食量和饮食速度。后来，格里芬又发明了一种简单装置使患者能够保持碗、杯子或盘子的平衡。1951年，格里芬获得了该发明的专利。

格里芬试图将她的发明卖给退伍军人协会，但他们不感兴趣。她甚至登上了一个电视节目（The Big Idea），希望通过公共宣传鼓励美国政府使用她的发明。结果也没什么用！现在怎么办？去法国试试！于是格里芬将她的发明捐赠给了法国，在那里这项发明得到了广泛使用。

格里芬的朋友西奥多·爱迪生——著名发明家托马斯·爱迪生的儿子，很信任格里芬，他们一起讨论了发明和创造新产品的方法。格里芬后来又专门为患者发明了一次性纸盆，但在美国依然未受到关注。这一次，她把发明卖给了比利时的一家公司，应用在该公司旗下的医院里。

贝茜·布朗特·格里芬乐于助人的品质促使她发明了帮助病人的工具。1951 年，她获得了便携式进食协助工具的专利。但尽管格里芬竭尽全力，她的发明仍未在她自己的国家得到认可。

　　并不是我特别聪明，只是我与问题待的时间比较久。

——阿尔伯特·爱因斯坦，科学家

化石

荧光狗项圈

无线通信技术

第 **11** 章

一不小心成天才——新一代

越来越多的年轻人在创造发明。现代技术的发展使人们更加容易发现生活需求点、获取其他发明家的帮助以及推广新发明。

2008 年，全球有 150 万名儿童死于可通过疫苗预防的疾病，在得知这个信息后，少年阿努茹德·格内申十分难过。注射疫苗是一种可以帮助人们预防疾病的解决方法，但是疫苗在运输储存过程中必须保持冷藏，否则就会失去效力。格内申相信自己能想出使疫苗保持低温的方法。他发明了一种轮式机械动力制冷系统，该系统无须使用冰或电，可连接在自行车上，也可以由人或动物拉动。格内申的发明叫作"自行车动力冷藏箱"，可以挽救数百万儿童的生命。

安·马科辛斯基上高中时就发明了一款能用手掌温度点亮的"空心手电筒"。谁能想到，这位来自加拿大不列颠哥伦比亚省维多利亚市的中学生，在2014年被《时代》杂志评选为"30位30岁以下的精英"之一。马科辛斯基一直在努力改进这个手电筒以提升效率，同时也研究其他发明，例如一种可以利用饮料的热量给手机充电的杯子。

啊哈！

机器人蠕虫

居住在美国得克萨斯州达拉斯市的戴维·科恩上科学课时特别专心，在课堂上认真学习了蚯蚓的相关知识。这些知识让他制作出了"机器蚯蚓"并编写了运行程序。这种机器蚯蚓可钻进救援人员或者救援犬都无法进入的狭窄或者危险空间，并且装备了热感技术和各种救生程序，可以定位和救援地震或火灾中的幸存者。

你不能坐等新技术发展……在这个世界上，我们都有不尽相同但同等重要的责任要承担！

——安·马科辛斯基，"空心手电筒"的发明者

磁铁魔术

自动分类回收箱，2014 年

神谷明日香
（2003—）

　　在小学五年级的那个夏天，日本爱知县的小学生神谷明日香需要完成一项科学作业。她决定做出一项发明，用来帮助她开杂货铺的祖父。她经常看祖父费力地为各种罐子做分类回收，心想一定会有更好的办法能帮助他。

　　神谷想起三年级时，同学们用磁铁、铝板和钢板做过的一个实验。实验结果是，钢会被磁铁吸引，但铝不会。神谷觉得可以利用这个现象发明一个自动分类回收箱，让祖父在做分类回收时轻松点。

经过了多次的实验，神谷终于做出来一个效果非常好的垃圾箱设计。箱子顶部的磁铁会让铝罐直接向下落，而钢罐则向另外一个方向下落。

神谷明日香的发明背后的原理其实很简单，但却需要一个"一不小心成天才"的天才想到并且做出来。

如今，神谷是日本为数不多上小学时就拥有专利的学生之一。她鼓励其他的小发明家们不要害怕尝试。"即使不成功也要试试你的想法，"神谷说，"因为即使有些不成功，你也可能会发现另外一些新的东西。无论如何试试吧！只要努力尝试，你就会找到办法的！"

发光的水母窗户

来自美国佐治亚州埃文斯县的尼基塔·拉菲科夫研究了水母，并利用他的知识发明了一种能为室内提供照明的神奇方法。2014年，11岁的拉菲科夫发明了一种将水母的绿色荧光蛋白嵌入窗户玻璃的方法。绿色荧光蛋白是在水母体内产生生物光（由生物体产生的光）的物质。多亏拉菲科夫的发明，才创造出了不用电就能照亮房屋的节能玻璃。

移动海藻

生态管，2008 年

巴拉姆·贾吉
（1994—）

当巴拉姆·贾吉还是一个小男孩时，就喜欢把各种东西拆开，看看里面到底有什么。他从自己的玩具开始拆，直到 5 岁时把一台电脑拆了个七零八落，这让他的父母很生气！

如今，贾吉仍然喜欢拆开东西来观察其内部构造，但他也喜欢建造东西。这位不可思议的发明家出生于印度孟买，在美国得克萨斯州的普莱诺市长大。他从12岁时开始发明，一年后申请了第一个专利。他对二氧化碳十分感兴趣，这是一种自然存在于地球大气中的气体，但汽车尾气大大增加了这种气体在大气中的含量。这是一个令人担忧的问题，因为二氧化碳的排放量增加会导致全球变暖。

当巴拉姆·贾吉了解到汽车尾气的排放是气候变化的原因之一时，他决定为拯救地球做点事情。

藻类——一种可以在水边发现的绿色生物，它是地球氧气的主要来源，有些藻类看起来像植物，但它们并不是植物或动物。许多藻类生活在海洋和沼泽中，但有些也在土壤和树叶上，甚至在海龟或者北极熊身上！

贾吉希望可以做些力所能及的事保护环境，因此他把这个想法和对二氧化碳的了解联系在一起发明了"生态管"。生态管让汽车排放的废气通过管内藻类的光合作用进行处理。光合作用就是植物通过吸收阳光（光线）、水和二氧化碳来制造植物所需糖类物质的过程。在光合作用的过程中，植物还会释放出人们呼吸时所需的氧气。

因此，生态管可以把汽车尾气中的二氧化碳转化为氧气和糖类，这些物质对环境的影响可比二氧化碳好多了。贾吉发明的设备可以安装在汽车的排气管上，能够减少高达 50% 的碳排放量。他对环保方面的发明有很多想法，并且希望能鼓励其他年轻人进行发明和创新。

生态管可以直接与汽车的排气管连接，它利用基础的生物过程和化学过程减少汽车的二氧化碳排放。

植物依靠光合作用将光能（如太阳光）转化为化学能。植物可以储存这种化学能，并用作"燃料"为生长提供能量。

清理油污

尾矿过滤器，2014 年

海莉·托代斯科
（1996—）

当海莉·托代斯科在加拿大艾伯塔省卡尔加里市上五年级时，她第一次看到的实验装置后来启发了她的发明。在教室里，她看见混浊的水从装着沙子的过滤器中流出后变得清澈了。

几年后，当托代斯科需要寻找灵感做个科学项目时，她想起了那个过滤器。托代斯科在艾伯塔省长

165

大，对尾矿有些了解——尾矿就是从油砂中提取石油后残留的有毒废料，主要成分是沙子、水、黏土和石油（沥青）。她也对生物反应器感兴趣，生物反应器是利用细菌分解废料的装置。于是，托代斯科决定用细菌来制造能够分解尾矿的过滤器。

因为她的发明可以在尾矿池中使用过滤器处理污水，托代斯科获得 2014 年斯德哥尔摩青少年水奖。她得到了 15 000 美元奖金，她的学校获得了 5 000 美元奖金。

托代斯科用来制造过滤器的大多数器材都是在五金店和折扣商店购买的，所用的细菌是当地一所大学提供的。托代斯科又花了 2 年时间对她的发明作出了改进和完善。

托代斯科说，她发明的过滤器可以将尾矿中的有毒化合物分解，其速度是目前使用的尾矿池处理法的14倍。2014年，她的发明获得了全球谷歌科技博览会17至18岁年龄组冠军。

神奇吧？是真的！

创造性灵感

很容易可以找到关于这些小小发明家的信息。你可以浏览他们的个人网站，在脸书、照片墙或推特上关注他们。你会发现他们发明的动力来源，也可以看到他们曾经克服的障碍。他们分享了成为小小发明家的感受，也会告诉你怎样才能让成年人对你的发明重视起来。

你是否因为其他年轻发明家的故事受到鼓舞？那么，你现在就可以开始发明啦！你也可以通过很多方式一不小心成天才。

$6CO_2 + 6H_2O \longrightarrow C_6H_{/2}O_6 + 6O_2$

生态管

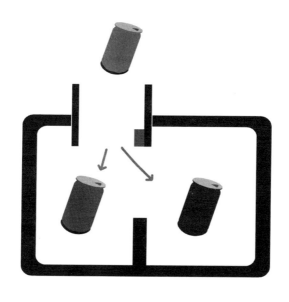

自动分类回收箱

所以，你也想"一不小心成天才"吗？

勇于尝试：如果一项实验失败了，再去试试其他的方法直到穷尽所有的可能性。然后，继续尝试！

学以致用：观察、聆听、求教他人，并且尽可能地阅读有关这个主题的所有资料。总是敞开怀抱，接受新的想法和研究方向。

注意留心：保持好奇心并善于提问，要对工作研究所带来的意外结果特别关注。

融会贯通：对过去做过的研究做出分析，处处留心，迎接各种新的可能性和新事物。

百炼成钢：无论需要多长时间，都要坚持工作，评估结果，渴望迈上更高台阶。

持之以恒：即使需要花很多时间才能完成发明，也不要拒绝，不要放弃。

失败乃成功之母：将失败和意外当作机遇，即使失败了，也要继续进行实验和发明。

不要做假设：不管收集数据有多难，或需要多长时间都要去做，只使用你知道是正确的或可以检查的信息。

一切皆有可能：超越眼前的事物，并知晓自己应该会有其他的选择。

相信自己：相信你的感觉和直觉，要记住运气和时机是过程的一部分。

词汇表

黏合剂——将物体或材料黏合在一起的一种物质

被截肢者——手臂或腿的一部分被切除的人

抗生素——一种杀死或减缓引起疾病的微生物生长的物质

细菌——生活在土壤、水或动植物体内的微小单细胞生物

生物光——生物体产生的光

生物反应器——使用细菌分解废料的设备

阴极射线——来自真空的密闭容器中的电子流，电子是构成原子的
三种微小粒子之一

分类——将某些事物分组或作为类别的一部分

腐蚀——逐渐破坏或"蚕食"

宇航员——本书特指苏联太空计划的航天员

配重——通过施加相反的力来平衡其他物体的重量

数据——收集的用于讨论或计算的事实和信息

排水——本书特指能够有效防水的

电流——通过电线或电路的电荷流

企业家——组织、管理企业并承担企业风险的人

蚀刻——通过"蚕食"材料表面的线条，在硬质材料上进行设计

化石——保留在地壳中的过去时代的动植物遗骸或印记

疱疹——一组影响皮肤或神经系统的病毒性疾病

铰链——允许某物打开、关闭或摆动的可移动部件

煤油——用于加热器和灯具的轻质燃料

白血病——造成白细胞异常增加且红细胞减少的癌症

大规模生产——大量地生产或制造

冶金学——对金属特性和用途的科学研究

微重力——引力很弱的情况，通常称为零重力或失重

霉菌——一种真菌，以细小、线状结构生长，通常呈毛茸茸状

分子——由两个或多个原子组成，并通过化学键结合在一起的电中性组

硝酸——一种具有腐蚀性的无色或微黄色液体，用于制造染料、炸药和肥料

营养素——植物或动物赖以生存和生长的物质

被淘汰——本书特指已过时的或不再生产的

肿瘤专家——本书特指诊断和治疗癌症的医生

生物体——任何能够独立发挥功能的生物，无论是动物、植物还是单细胞生命形式

平行线——沿相同方向延伸且相距相同距离的线

专利——授予发明者制造、出售或使用一项发明权利的官方文件

药剂师——制备和销售药品的卫生保健专业人员

光合作用——植物吸收光、水和二氧化碳以制造养料并释放氧气的过程

雷达——一种使用无线电波检测物体（例如飞机或轮船）的存在、速度和方向的系统

辐射——以光、声或热的形式将能量从一处传送到另一处的现象

定量配给——控制稀有物品的使用或分配方式

硅——一种灰色化学元素，存在于岩石或沙子中，用于制造计算机和其他电子产品

不锈钢——钢和铬的混合物，不易腐蚀、生锈或弄脏

合成——人工制造的或加工的

尾矿——采矿或开采资源剩余的残渣

坚毅——坚定不移的品质

疫苗——一种帮助人们预防疾病的制剂

变星——亮度有规律或无规律变化的恒星

无线通信——使用无线电信号进行信息或能量的传输的形式

参考资料

书 籍

1. Altman, Linda Jacobs. *Women Inventors*. New York, NY: Facts on File, 1997.

2. Blashfield, Jean F. *Women Inventors*. Mankato, MN: Capstone Press Inc., 1996.

3. Braun, Sandra. *Incredible Women Inventors*. Toronto, ON: Second Story Press, 2006.

4. Challoner, Jack. *1001 Inventions that Changed the World*. Hauppauge, NY: Barron's Educational Series, 2009.

5. Jaffé, Deborah. *Ingenious Women: From Tincture of Saffron to Flying Machines.* Stroud, UK: The History Press, 2004.

6. Johnston, David, and Tom Jenkins. *Ingenious: How Canadian Innovators Made the World Smaller, Smarter, Kinder, Safer, Healthier, Wealthier and Happier*. Toronto, ON: McClelland & Stewart, 2017.

7. Johnston, David, and Tom Jenkins. *Innovation Nation: How Canadian Innovators Made the World Smarter, Smaller, Kinder, Safer, Healthier, Wealthier, Happier*. Toronto, ON: Tundra Books, 2017.

8. Jones, Charlotte Foltz. *Mistakes that Worked*. New York, NY: Random House Children's Books, 2016.

9. Kulling, Monika. *In the Bag!: Margaret Knight Wraps It Up*. Toronto, ON: Tundra Books, 2013.

10. Maggs, Sam. *Wonder Women: 25 Innovators, Inventors, and Trailblazers Who Changed History*. Philadelphia, PA: Quirk Books, 2016.

11. Morgan, George D. *Rocket Girl: The Story of Mary Sherman Morgan, America's First Female Rocket Scientist*. Amherst, NY: Prometheus Books, 2013.

12. Swaby, Rachel. *Trailblazers: 33 Women in Science Who Changed the World*. New York, NY: Random House Children's Books, 2016.

13. Thimmesh, Catherine, and Melissa Sweet. *Girls Think of Everything: Stories of Ingenious Inventions by Women*. Boston, MA: HMH Books for Young Readers, 2002.

14. Vare, Ethlie Ann. *Women Inventors and Their Discoveries*.

Minneapolis, MN: Oliver Press Inc., 1993.

15. Verstraete, Larry. *Whose Bright Idea Was It?* Richmond Hill, ON: Scholastic Canada, 1997.

16. Weiner, Eric. *The Geography of Genius.* New York, NY: Simon & Schuster, 2016.

17. Wood, Annie. *Canadian Women Invent.* Toronto, ON: Inventive Women Inc., 2001.

18. Wyatt, Valerie. *Inventions.* Toronto, ON: Kids Can Press, 2003.

19. Wyatt, Valerie. *Everything You Wanted to Know About Inventions.* Toronto, ON: Owl Books, 1987.

—

电 影

1. Dean, Alexandra. *Bombshell: The Hedy Lamarr Story.* New York, NY: Reframed Pictures, 2017.

—

网 站

1. Anurudh Ganesan: solve.mit.edu/users/anurudh-ganesan

2. Asuka Kamiya: www.youtube.com/watch?v=onNCXFT_Ots

3. Encyclopedia of World Biography: encyclopedia.com

4. Extreme Tech: extremetech.com

5. Famous Scientists: The Art of Genius: famousscientists.org

6. Famous Women Inventors: women-inventors.com

7. Historical Inventors: lemelson.mit.edu/resources

8. InventHelp: inventhelp.com/links/inventing-for-kids-parents-and-teachers

9. Inventive Kids: inventivekids.com

10. Jolly Jumper: 216.95.206.43/history

11. Louis Braille: www.afb.org/LouisBrailleMuseum/

12. Mandy Haberman: mandyhaberman.com/

13. National Inventors Hall of Fame: invent.org

14. Nobel Prize: nobelprize.org

15. Param Jaggi: paramjaggi.com/

16. Razor Scooter: razor.com/

17. Science History Institute: sciencehistory.org/

18. Slinky: alexbrands.com/pa_brand/slinky/

19. WD-40: wd40.com/

致　谢

在此，谨向莎拉·哈维出色的编辑技能以及因为有她在而使撰写本书成为一种快乐致以谢意。也非常感谢设计师特蕾莎·布贝拉、插画师珍妮弗·普莱福德和文字编辑维维安·辛克莱的才华和见解。

伊丽莎白：非常感谢我的天才合著者弗里达——和她再次共同撰写一本书真是棒极了。同样感谢弗兰克·安德森对研究的帮助以及他所提出的有益建议。还要特别感谢保罗提供的帮助，谢谢他成为我最喜欢的天才！

　　我一直对科学和发明感兴趣。谨以此书献给我的朋友米歇尔，因为我们曾经为了能够参加科学博览会而共同努力。我仍然记得我们做过一个名为"鸟类是如何飞翔的"的项目。

　　在此项目中，我们制作了一个活动幻镜，借以展示鸟类的翅膀推动鸟类在空中飞行时是如何运动的。这是一种动画设备，由置于圆筒中的一系列绘图或照片组成。观看者通过筒孔观看图像并旋转圆筒时，会有置身于鸟儿翅膀运动过程中的奇妙感觉。

　　米歇尔是一名非常优秀的画家，她画了一组鸟儿扇动翅膀的图画，我们将这些画按照顺序放于圆筒中。然后做了一个盒子，里面设有一个小孔，从孔中看去即可观测到图像，我们还设置了一个曲柄，这样人们就可以转动圆筒，看到鸟儿"飞翔"。

　　人们喜欢活动幻镜，并从中学到了很多关于飞行的知识。米歇尔和我也看到了他们的额头有多么油腻！他们每次贴在盒子上观看图像时，都会留下油渍。很幸运，我们在参加的第一个科学展览会上胜出，因此在前往下一个科学博览会之前，我们在观测孔周围涂抹了一层乙烯基。这样一来，不仅盒子的外观得到了很大改进，也更便于清洁。

那只是米歇尔和我参加的科学博览会的项目之一。科学是神奇的、令人惊叹的、有趣的，发明是一种用对科学的热情来解决问题的好方法。试试看吧！

弗里达：很高兴在《一不小心成天才》中发现每个人的故事和成就。令人着迷的是，有这么多无私奉献的人们，他们的付出改变了我们的生活。探索他们的故事让我认识到持之以恒和坚忍不拔是多么重要，也永远不要轻言放弃。

我喜欢和我的天才合著者伊丽莎白·麦克劳德一起工作，我们已经一起撰写了四本书（到目前为止）。莉兹是一位完美拍档，和她一起工作也很有趣，她乐于分享她的知识、想法和美味的巧克力饼干。

我们在《一不小心成天才》中讲述的一些发明家也很幸运，他们有着很棒的合作者（尽管我认为不会有人拥有像莉兹那样可以做出美味饼干的合作者）。然而，即使是那些独立工作的发明家也明白，他们的发现是建立在他人的工作基础之上的。每个发明家都进行了研究、分析和实验，从而创造出一些新事物。如果一项实验失败了，他们还会反复尝试，直到最终成功。

感谢我们书中所介绍的许多关于人物的文章和书籍的作者，他们的工作帮助塑造了《一不小心成天才》。

同样感谢我的丈夫比尔提供的支持和明智的建议。

关于作者

　　伊丽莎白·麦克劳德编写过传记、绘本、烹饪书等多种类型的图书，她也因此获得过诸多奖项，如加拿大儿童非虚构类的诺玛·弗莱克奖，加拿大多地的儿童选择奖等。伊丽莎白是一位富有好奇心的作家，热衷于发现不可思议的事实并和读者分享。伊丽莎白获得过生物学学位，对科学和发明有着特殊的兴趣。关于这本书，她更喜欢写有关玛丽·安德森、玛丽·舍曼·摩根等女性科学家的发明故事。

弗里达·维辛斯基有七十余本著作，包括绘本、章节书、小说及非虚构类作品等，并多次获得国际大奖，其中绘本《拜托，路易丝！》获得了 2008 年玛丽莲·贝利绘本奖。她也是备受欢迎的"加拿大飞行员冒险和生存"系列的作者，她的作品已被翻译成多种语言在各国出版。弗里达天性幽默，喜欢旅行、花园、巧克力，也喜欢分享写作过程。如果你想了解更多的信息，可以登录 friedawishinsky.com。